最后的军礼

——忆孙立人将军

Zuihou de Junli

冰心 等 著

U0784218

云南出版集团
云南人民出版社

图书在版编目（CIP）数据

最后的军礼：忆孙立人将军 / 冰心等著. -- 昆明：云南人民出版社，2015.11（2020.8重印）

（旧版书系）

ISBN 978-7-222-13734-9

Ⅰ. ①最… Ⅱ. ①冰… Ⅲ. ①孙立人（1900～1990）–生平事迹 Ⅳ. ①K825.2

中国版本图书馆CIP数据核字（2015）第238220号

出 品 人：李　维　刘大伟
责任编辑：唐贵明　朱　颖
装帧设计：燕鹏臣
责任校对：毛　雪　周　彦
责任印制：马文杰

书　名	**最后的军礼——忆孙立人将军**
作　者	冰心 等 著
出　版	云南出版集团　云南人民出版社
发　行	云南人民出版社
社　址	昆明市环城西路609号
邮　编	650034
网　址	www.ynpph.com.cn
E-mail	ynrms@sina.com
开　本	787mm × 1092mm　1/32
印　张	9.375
字　数	175千
版　次	2015年11月第1版 2020年8月第2次印刷
印　刷	永清县晔盛亚胶印有限公司
书　号	ISBN 978-7-222-13734-9
定　价	28.50元

如有图书质量与相关问题请与我社联系
审校部电话0871-64164626　印制科电话0871-64191534

编者的话

历史上，由于某种特定条件，有些近似巧合的人或事，会极其相似地出现，然而，历史绝不重演。过去的就过去了，永远地过去了。《论语·子罕》曾说：“子在川上曰：‘逝者如斯夫，不舍昼夜！’”

这“不舍昼夜”之所“逝”，在今日，由于现代交通之发达，完全可将前人几十日长途跋涉的路，缩短为几十分钟舒适的空航距离，寓于神话、童话所变幻现实的梦，也有现代科技使之成为真真切切的现实，仿佛这个世界越来越小，可以想象的空间已渐失去，不得不感叹这“不舍昼夜”之所“逝”，已无比地加快其“逝”速。

从目前历史分期断代的办法看，贴近我们“当代”最近的“现代”之末，也在二十世纪四十年代，距今也已七十多年。二十世纪三十年代初，美国作家斯诺在“云之南”做他的“马帮旅行”时，说昆明“这个城市伸出一只脚在警惕地探索着现代，而另一只脚却牢牢地根植于自从忽必烈把它并入帝国版图以来就没有多少变化的环境”。此说，在封建了几千年的土地上，东西南北，闭塞滞后的地区，概莫能外。甚于此者，六七十年前的历史，有时也无异于几百年前的旧闻。即便在当代，二十世纪五十年代有些路不通，人罕至，封闭于深山老林、穷乡僻壤，还没进行社会改革的人家，其生存形态，对今日也是遥远的，从根本上讲也属于“没有多少变化”的旧事。它翻天覆地的新旧、隔世之变，有时也只是几年间的事，距今也已半个多世纪了。

尽管过去的一切，随流逝的时光流远了与今日的差距，但它毕竟还是今日的历史与文化之根。沧海横流，世事纷纭，男女老幼、强弱智愚、善恶忠奸、尊卑贵贱，在人生的舞台，同台亮相，都是好戏。以此为历史经纬的故事和人物，无论英雄豪杰、贪官暴君，还是顶天立地、有仁有义的人民，都有他们的正史、野史、传说、逸闻。就是他们的生存环境、民风民俗，也随着这一切而有它的沧桑巨变。今日要了解、研究它，无法不借助一些过去的资料。将这些为数有限的资料束之高阁，不予充分利用，乃至散失，是有负于国家和民族的。

于是，我们从现代、近代，云南的、西部的，到更广远之天地的有关文化、历史、民族等等的有识之士的札记、掌故、田野调查、佚文旧稿中，选出一批当时和今日依然有其影响与价值的专著和篇什，编辑为书系，以介绍给读者和关心、研究它的朋友们。由于“逝者如斯”，一些作品的认识、审美、资料价值，有的往往还会与日俱增，由此，更增加了我们介绍它们的责任感。

时代在巨变，正如许多学者所言，我们“每天都有珍贵的民间文化品种在消亡”。形势亮出了黄牌，他们呼吁“抢救”民间的文化财富，提出“需要深入当代民间进行‘田野调查’”。这里入选作品的作者，不少正是当年的“田野调查”者，他们深入到所谓的“蛮荒之地”，在旅行、生活条件极差，乃至恶劣时，以其惊人的毅力，在天灾，也在人祸所遭遇的惊险中，写出他们耳闻目睹之种种，有的归纳、概括而抽象为更具理论色彩、更具文献价值的调查报告，有的则更侧重沿途实见实闻的纪实，夹叙夹议，所悟的学问常常深于一见一闻，遇险的惊恐又常与人生闯荡的乐趣同在，大多写得朴素、清新，和平冲淡中确有委婉的情致。他们，有的定居该地，已属当地居民，有的，调查的行程，一年半载的跋山涉水，想蜻蜓点水似的所谓“深入生活”，想追名逐利而做所谓的“研究”之浮躁，都不可能。他们，不乏过去的先贤名儒，名校名师下的研究人员，多有鲜明的民主意识，同情广大的劳苦大众，抨击不合理的社会秩序与社会结构，维护人道、人权，正视压迫、剥削、两极分化的现实。从人类学、社会学、民族学、民俗学，对东西方的一些不同之处和相同之处所进行的思考，为我们打开了眼界，打开了思路，于此回顾、前瞻的天地，更加宽阔。

这些不同时代的不同作者，在不同的社会、政治背景下所写的作品，若无他们的局限性，也就无须后来的社会进步。除了书中的白纸黑字，他们跋涉在穷山恶水的艰辛和为此追求的执着顽强，正是对这土地，对这土地上的人民之爱，虽然并不排斥有的也许出于好奇，想探险、冒险，但他们作为民族大家庭的一员，其大中国的兄弟之情，是无可怀疑的。可是限于当时政治结构之情和个人识见，将人民对反动统治的反抗写作“叛乱”，在正视人民的痛苦时，又仅从当地的风光与人情称他们所在之地为“乐土”，或对他们的风俗习惯，简单地以自己的好恶来看待，难免有些偏颇不当之处，但从整体来看，作者的爱心都是浓浓的，有些不周之处，或是漏洞、失误，都不难理解。照排之旧书，就该看到它是过去另一个时代，另一些作者，在不同的社会、政治背景下所写成的作品，就该看到它的局限性，更为新时代而自信。

世事变迁，“逝者如斯”，前人有的看法无法请他们统一，后人无权强求一统。有些说法，能理解，并非简单地认同。能作注的，加注；若难查证的，存疑。乍看，有些不明白处，顺读下去，就理清头绪了。

本书系的选编，除由繁体字改为简化字横排外，内容基本保留原貌，有的地方，另加编注说明，以便读者阅读参考。

为保留原作资料的真实性和风格，对个别带有民族歧视的描写和用语，未做大的删改，请阅读中予以鉴别。

目　录

最后的军礼

——我与孙立人将军的最后晤面

周良沛

真没想到，前两天看到还好端端的孙立人将军，报上竟报道他健康恶化、住进了加护病房的不祥之兆，心情也为之沉重起来。

都是一把把盐，撒在他受伤的心口……

我与孙将军，原是毫无关系的。不久前，准备来台湾的时候，有天晚上，我急急上前去打开被敲得很响的门时，进门的一位穿着西式套服的中年知识妇女，显然也看出了我陌生于她的惊讶，很开朗地向我自报家门。因为她知道我在对门的那所大学开过课，也就告诉我，她先生还在那里教书，我们也算先后同事。她拿出孙将军几封称她为“贤侄”的信给我看，将军苍劲的毛笔字，疏朗有致地错落在中式毛边纸的信笺上，在我这从不用毛笔的人看来，几乎是书法创作了。在他的签名后面，如果说那朱红的印章显目，不如说“立人”二字力透纸背，已经像一首视觉诗，从它看到将军不屈而“立”，是位大写的“人”的形象。纸上字字句句都能让人感受到将军不凡的气质，老矣，也老练，笔力苍劲也沉郁，看得人不由得有些联想，为之动情。

进来的这位女士，我在她通报了姓名之后，就叫她“吴老师”。横竖这些年来，不论是做什么的，叫“老师”，就跟“文革”时叫人“师傅”一样，是不会有错的。她虽然看上去也年近半百，大概小时候也不会和将军有什么接触，甚至不会有什么记忆。她父亲是孙立人的旧部，抗战时，新三十八师远征缅甸，孙立人被任命为曼德勒卫戍司令的前后，她父亲一直是将军的英文秘书。将军英语非常地好，不会需要什么口头翻译，想是在那国际战场，少不了一些英文文件的来往和处理，为将军分点忙。将军早年毕业于清华，后来往美国普度大学学习机械工程。因为送弗吉尼亚军校的条件除了身体好，还要大学毕业，只好先学机械工程。

他除了在清华就是篮球、棒球选手，有“飞将军”之誉，还是参加第五届远东运动会的国手。虽然当年球场夺标，击败日本虎将，也不知自己日后会叱咤战场，但他魁伟高大，一表人才，拿到普度的学位之后，也就顺利地进了军校，与艾森豪威尔同学。大战中，美国名将史迪威、巴顿、麦克阿瑟等，在这国际战场极力支援他。他是中国军队在战场上的风云人物。他一口流利的英语，但远征在外，与盟军和当地的联络与文书往来频繁，加上家属不随军，这英文秘书就成为他最贴身的部属。胜利后，内战起，吴先生一家分居几处，实为家累，要求离队归家。孙立人既体谅他的困难做了安排，也希望他家务安顿之后还能归队工作。殊不知内战之战火，燃得有南北分治之说。孙立人从东北战场下来之后，就调到台湾来“加强防务”了。这时，吴先生即便想回到孙立人属下，也在物价一日数涨、一家三顿难以为继时而寸步难行了。一九五五年，由所谓的“屏东兵变”而发的“孙立人案”，大陆的报刊也有披露，可是不知详情，更不知内幕。但是，老蒋当时一不做、二不休地搞得涉及面之广，株连的部属之多、之惨，也有报道。吴先生这时要是还在孙立人身边，是不会比判无期徒刑、流放绿岛的郭廷亮少校好多少的。因此，当时吴先生没能过来，自然也是幸事。然而，“文革”时，他也依然受株连，一次次的批斗，没完没了的“交代”，他无法说清楚那么多事情，因为过去都看孙立人是忠于老蒋的“铁杆”，老蒋当年“剿共”，孙立人为他立过战功，这对于一个在“打老蒋”中成立的政权，说他这位“铁杆”又不受老蒋的影响，无有劣迹，是很难叫人相信的。于是，他在交代不清、过不了关的熬煎中被迫害致死。这就使得他女儿，虽然对将军没有什么印象，却无法摆脱自己与将军在命运上的联系。

仅仅从书信中，将军是不可能很清楚地知道吴先生的死因的，但是，许多比他年轻得多的部属过早地逝世，他却很清楚地知道都是为了什么，那都是一把把盐，撒在他受伤的心口。在他给这位“贤侄”的信中，想到远征域外，她父亲日夜在其左右，今日，他垂垂老矣而伴着孤独，想到年轻的战友早已过去而“泫然”之情，是感伤，还是忧愤啊！

“生乃与黄埔系军头等为伍”的原罪

过去因为拉拢老美，老蒋也实在是让他在远征途中风光了一时，确实容易让人误认为是老蒋的嫡系。然而，正因是他非出身“黄埔”，为此反被“黄埔”系统的军头所不满。但他毕竟又在军中为将军，只有非“黄埔”，“生乃与黄埔系军头等为伍”的“原罪”。在他的部队中，《满江红》是人人必须会唱的军歌，文天祥“人生自古谁无死，留取丹心照汗青”的诗句，也列为必读的政治课程。这些在战斗中，无疑都大大激发了将士爱国的、英雄的热情。然而，岳武穆被杀于风波亭的悲剧，也恍惚留下一个宿命的阴影。前者，明知奸臣在陷害他，为示忠诚，却含冤而死；后者，是蒋家王朝逃到台湾，华府对他已彻底失望，麦克阿瑟邀请孙立人到东京会面，想扶植他出来，而孙立人为忠君，却把此事报告了老蒋，人家哪能不对他下手呢？那些像吴先生这样的部属，实在是那时错把他当成了“嫡系”而被株连蒙冤，但他本人三十多年的苦难，也确实是自己忠蒋的悲剧。

虽然，吴先生在打倒“四人帮”之后，早已平反昭雪，然而，他女儿听到孙立人也“恢复自由”，更是欣喜若狂。在她看来，这能更有力地还她父亲的清白，也能卸下上辈人压给她的沉重的思想包袱。由此，她同孙立人命运相系的感悟也越来越强烈，也显得有些情结化了。不知她在哪里看到的资料，绘声绘色地描述孙立人“恢复自由”，旧部有上千人欢聚，流着热泪高唱、碰杯，回首往事失声失态的情景，在她讲得起劲的时候，两眼闪着异样的光彩。

去年，台中一位艺术家郭惠良小姐到边疆采风，她闻风而去，托郭小姐带了一幅画上松鹤的国画送给孙立人。这回，她又不知道怎么晓得我要上台湾，要我带上两幅绣花的丝寿幛，说今年是她孙伯伯九十大寿，信上充满感情地说她希望在大陆或台湾看到孙立人，她想知道父亲跟随孙立人时的一切的一切。而这一切不知道为什么，父亲生前什么也没有告诉过她。过去，将军在她儿幼时的印象，尤其是在父亲生前也忌讳去谈它的状况下，更是模糊不清了。她心里需要有个将军现实的、活生生的形象，于是，恳请将军给她一张照片，如果方便，最好是交给我带回去。

她的愿望，我没有理由不尊重；她的一些想法，足够我的思想跨越海峡两岸、驰骋今昔之间，深思又深思。

于是，我一到台湾，就同郭小姐联系，希望借她给孙立人送画的办法和经验，以了却送寿幛之托。不想，她上次并没有见到孙立人，人家只让她把信和画交在门房里。“她只要收到回信就行了。你也不要告诉她这事。”不过，这位热心的艺术家，还是答应帮助我与孙府积极联系。

于是，一天又一天地等着，每天我都去电话催问，郭小姐都是同样的回答，她早就和孙府联系过了，就是没有下文。好些知情者告诉我，孙立人恢复自由了，并不比失去自由时好见。

整整过去半个月了，好不容易才有了答复，说是第二天下午四点钟见我。第二天从台北赶到台中才两点多钟，在附近转了一圈，还是早早地站在门外等着。

看破红尘，万事皆空？

这台中向上路一段十八号，由于孙立人在这里住了三十多年，也为人们熟知，成为常见诸新闻的门牌了。三十多年前，这里自然还没有什么人家，将军住进这日式平房，四周的高墙，围着几乎像一个小公园那么大的空场“寓所”时，墙外也立即围着它盖起了一些两层的、在楼上正好对望这个院子的房子，只不知道里面住的是些什么人。二十多年过去，城市发展得周围都是闹市，而这里还保持它固有的清静。大门紧闭，墙外行人也稀，在处处都是越来越拥挤的时候，这倒还是城市很难找到的风景。

这时，我们这么傻乎乎地站在门外，怕又是风景中的风景了。不过，由于郭小姐说到上次送画求见被拒之门外的情景，对比之下想到这次约见几乎是份奇缘，心情还是很兴奋的。

看到表是准四点，上去按了门铃，里面探出一个脑袋，冷冰冰又特神气地问道：

“干什么的？”

“约好我们四点来见孙将军的！”

“不知道这事——”“砰”的一声，门又关了。

“不知道——你问一下嘛——”我扣了几下门，在门外高声地叫道。

“糟了，又换人了！”郭小姐发急了，“前天是个年纪老一点的人跟我说得好好的——”

她似乎怕扑空，远远地把我叫来，又有点不过意。

因为，报纸上“孙立人将军的侍卫、司机等八人全部撤回，孙府的安全维护工作，则已委由保全公司负责”的消息发出后，就颇多议论，说是换汤不换药。我们一来又如此，也就难免发一通相似的议论。

“什么又换了人了？是他下班我换班了！”这位门卫显然是在门里听到我们在门外的议论，又探出个头来说，“我会跟你去问嘛！”

我们相视而笑之后，又奇怪自己是遇到什么好运，在将军已经基本闭门不见客时，居然会在原来对此并不抱多大希望时，答应见我们了。郭小姐说，也许是他听说我是来自大陆还是昆明的缘故。

那是一座日式的平房。我们在玄关脱鞋踏上榻榻米的时候，将军夫人正在客厅门边站着。客厅的光线全被四周的树木遮去了，很暗，一进门只见神龛上长明灯的幽光，高大的木雕佛像非常显目，它保持珍贵木材的原色，没上任何色彩，完全是个艺术品。案上的香烛，敬的是佛。张学良被老蒋软禁后成了虔诚的基督教徒，经反复报道，已不算新闻。而孙立人是否同时皈依佛门，则不见传闻，名人失意，还是蒙冤，也必定看破红尘、万事皆空么？然而，在神龛另一侧，却是孙立人当年的几张相片，或戴大军帽、全副武装，或着军常服，身材修长，腰杆挺直，紧束腰带，脚着发亮的长筒马靴，英姿焕发，风度翩翩，让人重见当年风云沙场的名将形象。它和一侧的佛像相对，是人的入世与出世之相对，在这之间它们又有什么因果关系呢？那佛像，也许是他夫人为求他能安度晚年所敬奉的吧？他夫人张晶英女士，还不显老，脸圆圆的，有点发胖，她照顾将军熬过这三十多年，也实在不容易。她看过我带来的信和寿幛，笑嘻嘻地说：

“我们还真是有缘。他是好久没见外人了，有时约好的人，来了也不能见面，他身体吃不消。唉，九十了！今天到医院做保健，医生要他做的动作，我也没有劝他，他就全做了。回来，他还特别高兴，说自己以后要这样做下去！他刚午睡起床，我去扶他来！不过——”她迟疑了片刻，“只能过来跟你们见个面，他支持不了几分钟，也说不了什么。他现在一看到过去的熟人、部属，总会一个人闷闷地难过好久——”

这真是深刻的人生故事，我非故人，然而，怕的是，他由我此行会想到当年在印缅战场不离其左右的人吧！当然，怕他为此难过也好理解，可是，要是他已没有什么可难过的，怕会活得更乏味了。我，不会把他当偶像，但我却必然会像接受检阅似的看他一闪而过，这在我心头泛起一种我自己也说不清的情绪。

“好人还是多，要是好人都能掌权就好了！”

当听到手杖和连走带拖的脚步落地不一致地在地板上“嗵嗵”之声响在门外时，孙立人将军在他夫人搀扶下出现了。他那闪光的眼睛，眼珠已灰白无神，挺直的鼻梁和厚厚的嘴唇也瘪下去了，那撑得脸庞方方的下巴骨也变形得拉长了脸，修长的身材干瘦得更像一枝抽条又经不住风的弱柳。无论站着或坐着，身子都像在打摆子似的颤抖。真是岁月无情。是衰老成这样，还是三十三年的软禁，将一员虎将摧残得如此？这和两年前“恢复自由”时，接受祝酒时的样子也大大不一样了。是终于等到了这一天，那等待时的韧劲松弛下来了如此，还是他苦苦等待后，等他等到了也不过如此才这样呢？我无法去问。

他这次不是和我们见个面、点个头就走了，而是一坐下来，足足有一个小时。从我们说话间，看他的眼神，看他的微笑，看他点头或蹙眉，他的反应都是极其灵敏的，神志也是特清醒的。但是，他说话却只见撮起的嘴唇在蠕动，很难听清他在说什么，只有一丝微弱的声频在震动。我换了一个座位，挨着他，耳朵几乎要贴着他，也只能零零碎碎地听清几个单词，只能有赖他夫人再转述、翻译一道，因此，时间并不少，说的话却不多，但留给人的印象，还是很丰富的。

我从送上寿幛，说到那位托我送礼的人之诚恳、殷切之情，说到人到九十，包括他的战功，包括他的不幸与苦难所留下来的东西也确实不少。当年，他是从昆明出发远征的，在昆明我就看过一部写远征军过野人山的电视剧。部队在被层层叠叠遮蔽得不见一丝日光的密林里行进，天昏地暗，狼嚎虎啸，脚没踏实，就要陷进没膝的泥沼，草丛中作响的大蟒，总是威胁生命地与人同行。没有路标，只有头年为饥病而死的印缅难民在撤退线上的遗骸引路，密林浓雾里，空投补给不上，掩病饿倒的，跟不上队，走散了，也就联络不上了。电视中，写到一个在这样情况下走散的军官，饿得几乎要倒下来的时候，用枪打到一只野兔，用火在烧吃的时候，另一位掉队的女政工，为看到火而看到希望。这个军官看到自己人爬近火堆时，而且爬近的竟是自己过去死死追求、总想占有的女人，这时竟误以为她要来抢食，便用枪口逼着她不准爬近……看得我是不寒而栗。当时，不论有多大的伤亡，部队还是打通了一条中印公路的路基。当被日军击退的英军节节后退时，孙立人派兵走马解围，敌人虽增兵反扑，却是死了一半，才退了下去。当英军第一军团第一师被围，断粮缺水，电话告急，再也无法忍耐时，孙立人斩钉截铁地答道："中国军队，连我在内，纵使战到最后一个人，也一定要把贵师解救出围！"在一场不怕牺牲的白刃肉搏大战后，首先解救五百被俘的英军出险，掩护了英军一师的人马辎重安全撤退。脱险的英军高兴得抱住中国官兵高呼"中国万岁"。

"你今天在大陆还会知道这样的事？"经他太太转述一道，才终于那么吃力地听顺了这句话。

"即便我不知道，任何有益于我们国家和民族的事，历史也只会照着本来的样子写的！"

他点点头，那双灰白而干涩的眼珠，不停地在痛苦地转动："世上好人还是多，要是好人都能掌权就好了！我们国家——"

"我们国家"这四个字，是我听清的，他夫人还没转述，就转口抢着说：

"他又动情了——他也累了，让他去休息吧——"她上来扣着丈夫的手，将军却连挣两下也没能站起来。我一边协助他夫人，一边提出来说：

"照一张相可以吗——"

"你就照张相再回吧——"他夫人很开朗地应和着。真巧，郭小姐也想到此事，早掏出她准备好的相机了。因为我送上寿幛时，就说过他"贤侄"想要他照片的心情，这样，也就可以了却这件事了。

"不，不能照！"他抬起手遮住了脸，生怕我们会抢拍镜头似的。

"不知道为什么，上月我弟弟来，他也是不给照——”他夫人在一旁加以说明。

是为什么呐？他很无奈又求助地道：

“莫困扰我嘛——”

这，会有什么困扰呢？不久前，看到一则新闻，说一位艺术家重病住院时，拒绝任何好心的人前去探视，他不愿那些看过他创造的美好艺术形象者，看到他病危可怜的样子……将军也是这么想么？即使他不是这样想，就是我拍了一张照片回去，他那“贤侄”看到他这个样子，也一定不是她心中原有的“伯伯”的样子。将军老矣！谁都知道人是要老的，谁都知道他不会宝刀不老，而他的欢乐和痛苦，同样在那干瘦的面肌上，皱在他那纹沟里。在这“恢复自由”之后，忧国忧民，壮志未酬也无法伸。前些年，他在园里勤种玫瑰，挥锄挥汗，街上也卖出浓香四溢的“将军玫瑰”，国事不允许他问，他也要做这么点事。现在，即使真的“自由”了，他又能问什么、做什么呢？将军真是老矣。

想到这里，就是他愿照一张相，我也不愿这样照张相带给他大陆的亲人。于是，我也上去搭一只手扶他回房。

他站了起来，虽然两腿在打战，却也不动。

“他要送你们——”他夫人说。

这一来，我倒慌了，退出客厅，向他鞠躬，请他留步。

他不同我们说什么，拖着腿还是在往门前走，我走下玄关穿上鞋，再给他行礼告别时，只见他扒开太太搀着他的手，立正，举手，向我们行了一个军礼。

将军还是将军，将军不老；将军老了，是老将军；当年的风姿不再，气概还在。

我那本来有些灰暗的心情，此时心头为之呼呼地跳得十分兴奋起来，直到门卫几乎像报复似的，大声地问道："谈完了哇！"我才清醒地想到，这是什么地方。

无怪四周不论怎么热闹，成了闹市，门前依然冷冷清清。当年，他有一位旧部是濠上人，打听了几年，终于在这条路上看到孙立人牵狗散步。他站在一旁，仍然像个军人那样向他的老上司举手敬礼。孙立人一言未发，只见前面的"引路人"怒目而视。将军向前走了几步，又停了下来，回头看他一眼，点点头又继续往前走了。跟在将军后面的那个人走上去问濠上人"是哪个单位的"，他没理他，跳上自行车就跑。后面居然大唤一声"站住"，一惊之下，他不得不防范后面的算计……

眼前，街路依旧，寂寥依旧，然而，那样的事总该不再发生了吧？我下意识地回头准备再看一眼门卫那张垮下来的脸，一辆计程车在跟前停下了。我们上了车，说了一声：

"文化中心！"

"你们是记者呀？"车一开动，他就这么问道。大概从我们的去向，联想到这种职业。

“不。我身上有什么像记者的地方吗？”

“不是记者，来这里做什么？”

我一愣，也没作声。我理解，他不是责问，也不是好奇，更没有什么坏意。这地方，三十多年，一直都是一个是非之地。今天，不论有了什么新的说法，至少在他心里，还是一切依旧。想到将军对我们最后说的一句“莫困扰我嘛”，莫非也是这个意思？

我回去，对那位满怀希望听到她伯伯好消息的人，就只能说这么一些事么？

一九九〇年十一月六日，台北

原载一九九〇年十一月二十日香港《明报》

十一月二十三日、二十四日台北《自立早报》

十一月三十日澳洲悉尼《华声报》

十二月十二日北京《人民日报·海外版》

等海外多种华文报刊

家世·家训

孙新俊

孙氏姓源，各支家乘所言不一。有谓是姬周武王九弟卫康叔之后；有谓是春秋楚国宰辅孙叔敖之裔；有谓是夏侯婴为滕令奉军，其曾孙颇尚全，号孙公主，遂以孙为姓；有谓是赵人荀况，避汉宣帝讳，遂以孙为姓，子孙从之；而汉孙根碑则说："先，出于殷比干。"众说纷纭，难期一致。

我们这一孙家，与上述五大显赫，压根谈不上血缘关系。秦亡，子孙由汉中散居豫、鲁、徐、兖诸郡，传四十世。至万登，唐懿宗咸通际，官金吾上将军。

万登定居休宁后，子孙繁衍。至明宣德三年，休宁、祁门、歙县、黟县四邑孙氏人口总数已达两万有奇。这一大批人，皆以万登为迁徽孙氏之始祖，或称休宁孙氏一世祖。

溯我孙氏，自万登公休宁树基、正仁公龙舒发祥，至今已千三百余载。其间，授上将军者有之，简封疆者有之，膺宠命者有之，擢巍科者有之，司给谏者有之，任甸宣者有之，分符百里者有之，鞅掌簿书者有之，为商为贾者有之，为农为樵者亦有之，皆知清白自矢、无忝所生，退而次，也知克勤克俭，罔敢有所陨越，因为这是我们祖宗的家训，更是我们孙氏子孙恪守的伦常，无论时代如何变异，无论环境怎样险恶，我们都一往弥他、百折不悔。

列祖列宗不乏嵚崎磊落的军事家，他们为君上尽过忠，为黎民完过义，但嵚崎伴之而来的每每是烦苛嫉妒，磊落的终结往往是荫翳蔽空，即以立人先生而言，其为国家荣辱、民族尊严所付出的辛劳既枉屈，又何赏不是“嵚崎磊落”四个字的铸成，不过清浊永不合溷，一门惟忠惟义、惟仁惟爱的箴规，永勒于天壤。

摘自孙新俊之《孙立人先生的家世》

追念二哥琐事

孙敬婉

民国二十三四年，那时我尚年幼，家中来往亲友甚多，但给我印象最深的却是“仲能二哥”。因为亲友中仪表出众、穿着讲究的也不少，但没有一个像他那样，不管是穿军装也好，穿西装也好，都显得英姿挺拔，走起路来精神抖擞，就是没见过他穿中装。来往的亲友有的抽烟，有的喝酒，但从没有见他做过这两件事。那时正推行“新生活运动”，念小学的我，对仲能二哥的印象更好。忽然有一天，客厅中来了一个人，头发极长，满脸胡须，看得出好久未剃了，穿了一件灰长袍，脚上一双布鞋，见了我父母亲，口中喊了一声“大叔、大婶”，就跪了下来磕头。父母亲赶紧上前扶他起来。我们姊妹从未见过这种场面，也未认清是何人，不禁都哈哈大笑起来，母亲赶忙把我们撵出客厅。后来人走了，我们出来问母亲是怎么回事？母亲骂我们，怎么连“仲能二哥”都认不出哪？因二伯伯、二伯母相继在家逝世，二哥奔丧后，经南京回海州驻防地，特来我家，因是孝子，见了长辈，甚至年长的平辈，都要磕头的，这是老规矩。我们才明白，不过很奇怪，二哥不是喝“洋水”的吗，怎么也会这样。以后才了解他是一个极尊重中国旧文化传统的人，他认为这是做人子尽孝道的一种表示，诚于心，形于外，他在家守灵时，也总是铺稻草，睡地上，连行军床也不睡的。所以每逢年节及二伯父、二伯母的生日、忌辰，他一定祭祀、磕头，他不迷信，但他遵守这种传统。因为他年纪比我们这一批堂姊妹们大得多，所以每逢年节及他过生日，我们向他磕头，他也很喜欢。因为他认为中国的“叙齿”，幼小的敬重年长者，也是一种美好的文化传统。

他乐于助人上进，不管是亲的疏的，家人或外人，只要肯上进读书，他都会鼎力相助，而不肖或不成材的，他可真翻脸不认人。记得也是抗日战争前在南京，他来家中同父母亲谈话，难得的声音很大，而且听起来充满怒气，其中我听到几句，好像是说我抓到他们，一定要关起来从重处罪。后来才知是我一个堂叔（好像是我父亲介绍去的）和他弟弟在公家财务上有点问题。他火大了，尤其是他的家人做的，他更加愤怒。但是肯上进的，他扶持不遗余力。记得民国三十年在重庆，先兄在考大学，他由驻防地去重庆。先兄去见他，他向先兄说，你考取大学，一切费用由我出。后来先兄考进同济大学，也并未通知他。忽然有一天由伯亨大哥转来一张汇票，说是二哥给先兄的学费等用。先父母亲因子女的教育费用应当自己设法（当时尚有公费），就请伯亨大哥退回给二哥，没有收下，但是对二哥的诚意，还是很感动的。他在军中，事情那么忙碌，还忘不掉这种小事。他在台湾收的义子，除了一个例外，都是原本不认识的，在他去职后的前三年，上面没有发放他的薪津，没有丝毫收入，要靠养鸡卖鸡蛋、卖玫瑰花赚点小钱作为生活费用，而对义子的生活及教育费也总设法维持。等到他的四个子女逐渐长大，负担日渐加重，常无法筹足子女在开学时要缴的学费，及日常在校的生活费用，他从未怨天尤人。想当年他在位时，巨额的特支费都做了部属的急难救助金，没有一文饱入私囊，结果却落得一个“行为越轨”的罪名。而台北家中因有不少人家住，所以吃起饭，总是一大圆桌。但他限制不许额外拿钱，所以买菜的钱有限，因此不但质不好，常常临时有客来，菜更不够吃，只有添菜，添的菜不是皮蛋就是炒蛋，否则就是咸鸭蛋，因此我们背后有“三蛋”之称。我们一个同学，在那儿吃过两顿饭，后来同我说，总司令家的饭怎么那么“蹩脚”。在他去时，屏东的官舍，天花板、地板都被撬开，据说银行也查过他有无存款。结果，“很遗憾的”一无所获，什么也没有查到。反是他由安徽家中带来的少许古物“失踪”了，至今没有下落（他自己家中本很富有，不是他自己富有）。我只记得他后来笑笑地说了一句，“我有什么给他们查”。

记得在天气炎热时，他洗完澡后，常为只有少数家人在座，就只穿条短裤，披个大毛巾，坐着同我们聊天，有时就叫我们姊妹们哪一个替他背后搔痒。每当我看到他背上在抗日淞沪战争时遗留的一个子弹旋转进去形成的像小石头投进水里去的那种旋涡，那么扭曲，那么深，不禁感慨万千。命差一点要送掉，而“官”虽做得那么大（那时还未去职），但做得缩手缩脚，成天被人蜚言中伤，又说全倚仗美国人的势力，这种“官”做得有什么意思？而他平日在言谈中，对美国人的批语，在公事上，他对美军上下阶级区别之严，对美军人士遵守规律要求之严格，是众所皆知的。就因他是留学军校出身，而被蒙上倚仗美人势力是最令人不平的。所以他曾私下说，我尽量避免同美国人有私人交往，绝不倚仗外人势力，那是无耻的。他只忠于职守，爱自己国家，不过有时“恨铁不成钢”而已。而抗日战争初起，在淞沪保卫战中，他受了十三处枪伤，被抢救到医院，昏迷不醒，三天后醒来，他印象里只有“老爹”（指他父亲），每日几次喂他吃药（当然是护士喂的），别的什么也不知。由此二点，可以看出在他脑中只有中国的传统道德“忠”与“孝”。

再说，在他“辞职”前约三个月的样子，好几次二嫂都掉眼泪同我说：“有人要你二哥的命。”二嫂伉俪情深，当然为之担心不已。当时美军尚在台，二哥常因公去机场接送美方客人，或上美军舰开会或做什么的。老实说，有的是机会逃命。但他绝未做此想。他曾说过：我问心无愧，没有做过对不起国家民族的事，我为什么要出走？我更不要像吴国桢丢人丢到“外国”去，一个人的民族气节要紧，这也是“国家”的体面。那几个月，他神情如常，看不出有何异样，倒是二嫂心焦如焚、日夜不安，但也无可奈何。事发约一周后，门口的卫兵，开始限制闲杂人员进出（限于家人，非任何人皆可进出）。看二哥神情如常，就不是像平常一见面会嘻嘻哈哈的叫“小萝卜头”（他平时常这样叫我们），而很严肃地说：“你们还是少来，对你们不太好。”但从来也没有看出他与以前有什么多大不同，只是沉思的时候比较多一点，后来才知道他在担心那些被他牵连的人。有一天，九人小组开会，他奉命去答话，我们陪二嫂在等他回来，想着外面的风风雨雨，心忧如焚。好不容易等了回来，他没事一样，我们问他怎么了，他说他在九人小组会场外面等待时睡了一觉。我们惊讶他怎么睡得着的，他说我又没有做什么事，怕什么。在等的时候很无聊，不知不觉就睡着了。他平时就有随时能睡、随时能醒的习惯，不想在这种生死关头还是一样。

事后不久，被迫迁居台中，我们常去台中，有时拖他出去走走（只能在台中附近），当然，除我们外，还一定跟着好几个人。有好几次，碰到有人看见他，神情一怔，有些人好像要立正举手，有些人好像要点头，甚至要伸手出来的样子（当然也有一些以前常跑去他家，而现在看见，赶快低头或绕路而去的人），他总是装作看不见，头一扭，赶快走开了。更有几次，他对来人眨眨眼，走开了。事后，他总是同我们说：

"我反正是这样子，我不在乎，可是不能牵累别人，让别人倒霉。"然后就会想起那些被牵累的抓进去的人，眉头深锁，半天不说话。

他的睡觉本领，他的镇静功夫，有一次可不行了，他常夸耀他的睡觉本领，就是站着也能睡几分钟。在战场上，任战事再紧张，他将一切安排好了，就能沉沉睡一下。醒来再筹划指挥，毫无影响，所以他一生到出事为止，从没一夜没闭过眼、睡过觉（即使几分钟或几十分钟，也总是沉沉地睡着了）。只有唯一的一次，就是在要不要辞职的那一夜，他本不肯自己辞职，因为他不能承认那些虚有的事，他认为有辱他的人格，但因事涉三百余人的生命，那一夜，他可真没睡过一分钟，他在考虑是自己的人格重要，还是那些人的性命重要。第二天，他决然的在辞职书上签了名，而那是他一生中唯一没有能睡着的一天。

自开始所谓"平反"后，有在野党的人要见他，他不见。更有些他的老部下想要平反以前的冤狱，想要求政府补偿多年来的损失。他深感内疚，他说过：大家都因受我的牵连，身心及家人都受了极大的痛苦，个人的前途及经济更受了重大的损失，我对他们极为抱愧，但大家要以"国家"为重，如果闹大了，使社会不安，对"国家"的影响太大，已经受的委屈只好算了，实在是我对不起他们。

临终前，他已神志不清多日。临终时，我未赶到，听说他最后一句话还是"还我清白"。唉，二哥，在"现代”这个社会里，大多数人想不起，甚或看不起这种无形的东西，在你还是那么重要，难怪你的后半生会落得如此坎坷！

忆学生时代的孙立人

盛发绪

民国十四年年初，笔者由安徽合肥老家北上，到当时北洋政府首都北京读初中，那时正是段祺瑞做临时执政时代。

五卅惨案发生后，故都学生的爱国热忱绝不后人，大中各校学生齐集天安门广场，开会声讨英、日帝国主义者之残暴行为，笔者年龄虽幼，但已是中学生，故亦追随各位学长们去天安门开会，及会后游行示威。游行路线由天安门向东，经东长安街东单牌楼转向北，沿皇城根（当时皇城尚未拆除）经后门（地安门）、太平仓转向南，经西四牌楼、西单牌楼转向东，经西长安街、中南海，返回天安门广场解散，整个游行路线就是绕内城一周。

当游行队伍沿东长安街东行，经过东交民巷北面围墙外时，各国使馆都有戒备，尤以英、日为盛，似防学生们冲入使馆区，学生们也很理智，除呼口号外，并无任何引起冲突之举动。

昏庸的清朝政府，指定距紫禁城不远处的东交民巷（地名）作为各国使馆区，以便集中管理，并在使馆区四周筑有一道围墙，和附近住户及商店分隔开来，以免发生不必要的纠纷，照道理说，东交民巷是中国的土地，并非租界，其行政管理权自应属于北京市政府，可是各使节却认为这是使馆特区，其行政管理权应属各使馆，不容中国政府插手过问，无能且惧外的清政府不敢据理力争，只好默认。又因八国联军时，订有不平等条约，各国可在中国驻军，因此东交民巷内各国使馆均有驻军，中国军警不准携械进入，中国人行经东交民巷时，有时可能遭受到无理的搜身检查。笔者在故都读书十年期间，宁可绕道而行，不愿进入东交民巷，但有两次因赶时间，必须通过此一区域，途经日本使馆时，看到门额上大书"大日本公使馆"（那时各国驻华使节都是公使，民国十七年国民革命北伐成功，全国统一，政府迁都南京，各国驻华使节才陆续升格为大使），两名卫兵荷枪挺胸昂首怒视来往行人，那种傲慢态度，使笔者颇生反感。

那时故都足球风气颇盛，各国使馆之驻军多组有足球队，彼此相互比赛，其中以英国队最强。我国民间并无足球队，大专院校才有此种组织，而以国立清华大学、国立师范大学、私立民国大学最负盛名。有时英军足球队也向上述三校队挑战，那时孙立人正在清华读书，他天资聪敏，性情活泼，喜爱运动，不但学业成绩优异，且为清华足球队队长，当英军足球队向清华挑战时，清华队由孙立人队长率领，欣然应战，比赛时间多排在星期天下午，地点即在东交民巷北面围墙外，面对东长安街那一片广场。中英足球队比赛消息经报刊发表后，北京市民万人空巷，尤以青年学生们最为热烈，群趋东长安街为清华队打气助威，笔者年龄虽幼，但亦每次必到，做清华队义务啦啦队员。多次比赛结果互有胜负，但当清华队获胜时，观众鼓掌欢呼，如醉如狂，于是孙立人声名鹊起，立刻成为北京市民的英雄人物。英队有时也向师大、民大挑战。最精彩的是清华、师大、民大三校联合队与英军比赛，公推孙立人领队，第一次即大败英军，观众除北京市民及学生外，竟有由天津、保定及北京附近各县市赶来观赏的，真是盛况空前了。笔者忆及当时场面，犹似昨日般鲜明。

篮球场上

谈宗昌

第一次（民国三十六年）

长春青年中学迎战长白师范学院，当时东北九省保安副司令孙立人到场开球，孙将军单手轻轻一弯弹，球便被抛起……

民国三十六年夏天，我国东北吉林省长春市举行运动会，其中第一场篮球比赛，在位于市中山公园的露天水泥球场举行。

长春青年中学全系第一期青年军复员学生，校址在长春市郊的兴安桥，距国立长春大学的南湖不远，这场球的开球仪式，便是请孙立人将军主持。

孙将军在上午十一点，由一批好像地方团队的各色人士簇拥而至球场，事前并未告诉观众有开球这回事，只见一位将官穿黄卡其军便服，头戴一顶当时还不绣花的大盘军帽，戴了一副黑色太阳眼镜，外表看来精神饱满，步履从容而跨大步，往计时台、记录台桌子后的椅子上一坐，很多人都搞不清来者是谁。

裁判笛子一吹，“嘟！”宣布比赛开始，孙将军此时取下眼镜、取下帽子，一头几乎全白的头发，一下就展现在大众眼前，我当时也想不起国军将领之中，哪里有位白发将军，他走到球场中线后，站在两位跳球员中间，自己吹着笛子，右手的手指似乎只轻轻一弯弹，球儿就正正好上抛到两位跳球员跳起手触的上方，一点没有虚应故事的开球样子，接着又“嘟”的一声，随后响起一阵掌声。开球仪式完成，孙将军把笛子很自然的交给了正式比赛的裁判。

行家一出手，便知有没有，观众的掌声显然也不是虚应故事，而是出自内心的对这位篮球“将军国手”轻轻露出的一手，激赏而发，这一手单手弹球的动作，后来我在另一国手于瑞章先生身上又看到过一次，不久前在电视上看 NBA 职业篮球大王 J 博士上篮时又再欣赏到，但已是四十年后的事了。

在那场比赛中，我只是一个准备万一人手不够才上场的球员，待命位置就在计时台旁侧，由于还弄不清楚开球者为何方神圣，便问另一位休息球员，他回答我说：“他就是孙立人呀！”

第二次（一九五〇年）

首届三军运动会在台北宪兵球场举行，空军迎战陆军，那场球，裁判是江良规，主吹是焦嘉诰，空军总司令周至柔、陆军总司令孙立人都亲临督战。

第二次在球场上见到孙将军，我已经做军人，是一九五〇年十一月，在新生南路开第一届三军运动会时，当时台北市仅有的一个室内洋灰球场，叫宪兵球场，参加球赛的有陆、海、空、联勤、宪兵、警察六支球队。陆军是由伞兵球员钟善咏、温纯杉和二〇八师蜕化出的大风球队中的赵致远、贾铁山等人组成；海军则由赖连光、齐剑虹、林有诗、于瑞章等人组成；空军由高炮出身的凌镜寰，空官的朱声漪、游健行等组成，而联勤系七虎班底，由王士选、贾志军、谬涤航、郑大光、王毅军等人组成。

这场球是陆军对空军，两军总司令亲临督战，主吹是焦嘉诰，空军总司令系参谋总长周至柔兼，他穿的是空军一级上将黄色常服，陆军总司令为孙立人，孙将军穿的是草绿色斜纹布，显得相当旧的常服，脚上穿的是半腰酱色马靴，肩上挂的是二颗金星，孙将军此时已升三星二级上将。

在《战国策·鲁仲连谏田单》有段话："将帅有必死之心，士卒无偷生之气。"颇可说明将军当时志存匡复的精神，又以岳武穆破金兵于朱仙镇勉励士气"直捣黄龙再与诸君痛饮"，亦颇得孙将军以身示范的写照。

这场球赛的结果，与我在长春看到的长春青中学球队孙将军的部分子弟兵吃败仗一样，也输了，是四十八比五十二，长春那次是四十二比四十六。

第三次（一九五一年）

在凤山陆军军官学校水泥球场，孙立人将军和华北五虎之一的国手王玉增斗牛，闻风而来欣赏将军风范的有好几百人……

第三次是一九五一年春天，孙将军在球场上亮相，地点在凤山陆军军官学校司令台旁的水泥球场上，他和包括华北五虎之一、当时已官拜上校的王玉增国手等在一起斗牛，闻风而至欣赏将军风范的有好几百人，人群中有陆军体育处长魏振武少将（曾陪杨传广到美国训练）、原长春大学训导长时任陆军体育副处长的张焕龙少将、排球国手李国堂等，孙将军斗牛时还不慎摔了一跤，爬起来又干，五十二岁的老将军还能斗牛，精神教人感佩。

陆军军官学校司令台，当时是台湾首创的崭新建筑，它是孙将军亲手设计，近四十年后，台湾各地方大力修筑的田径场上的司令台，仔细观察之下，竟有几分类似，因此很可能是脱胎于孙将军的手法。

孙将军练兵最有名的两句话是引用孔子的："士不可不弘毅，任重而道远。"我来台后加入国军先后受训五次，几乎每次都看见他讲话时，要在黑板上用粉笔写下很正楷的这两句，从苍劲的笔法上可以看出，他在中国书法上有很高的造诣和根柢。

最后一次看见孙将军的白头发是一九八八年三月

二十一日《中国时报》第一版上的彩色照片，他和夫人张清扬女士合照，将军满头银丝，其白如皎，夫人原名张晶英，清扬则系皈依佛后之名。

四十多年，将军那一头白发一直深植在我的心底，“将军白发征夫泪”，在此深寄上诚挚的祝福。

原载一九八八年三月二十五日《中国时报》

轶闻二三

吴灿桢

将军九岁时随父宦游山东寓居青岛，同时就读德国学校（此时青岛系在德国租借之胶州湾内）。一日与几个小朋友在海边游玩，忽见一群德国小孩围着一个中国小孩嘲笑侮辱，将军愤愤不平，一气之下只身前往斥责德国小孩横蛮无理，欺人太甚。事已平息，突有一德国年轻男子怒目走来，不由分说掴将军面额两下。将军此时势孤力单，莫敢与抗，然怀恨在心可以想见，日后之矢志学习军事，以及痛恨媚外崇洋心理，实早已深植于胸中矣。

将军十二岁时，考入名额有限取录綦严之清华学校，连续八年精研基础科学，于民国十二年与另一日后著名文坛之梁实秋同时毕业，成为清华一文一武之佳话。

将军就学清华时，爱好运动，各种球类均称能手。民国十年由我国与日本及菲律宾共同组成之远东运动会在上海开会，将军率领篮球队前往参加，力克日、菲两队获得冠军，被誉为华北五虎。比赛时将军剽悍勇猛驰骋全场，且常飞身抢球使对方瞠目莫知所措，故又有“飞将军”之称，尤其秉性坚忍不挠不屈，某次比赛膝盖受重挫伤几不能行，但仍苦撑到底终获胜利。其日后行事大都类此，而将体育引入军中，成为基本训练重要之一部分，更为人所称道。

将军渡美之初，原欲学习军事，但为熙春先生所阻，乃入美国普度大学（Purdue University）习土木工程，毕业后又以进入军校为请，其父知其志之所向，允许进入以管教严格著称之弗吉尼亚军官学校（Virginia Military Institute-VMI）。该校传统新生入校，须学当“老鼠”，即须向老生学习并接受其有时不甚合理之管教（拳头）。用餐时两目只能注视自己餐盘，不可举头他望，又于老生放下刀叉时即须停止进食，将军称当“老鼠”时期，不知餐厅天花板的颜色与图样，首次进餐亦未曾吃饱。又七十年前美国学生之地理学识低劣，对于我国更为陌生，初入校时，每于课余饭后，即有许多老生怀着好奇心前来问话，且用嘲笑口气问将军家是否开设洗衣店或饭馆，更有人问吃不吃“鸟巢”，令人啼笑皆非，因为此辈学生误将珍贵补品“燕窝”作为“鸟巢”，真是谬以千里。由此可知美国学生之无知与妄自尊大。

民国十六年，将军自弗吉尼亚军校毕业，复奉政府命令考察欧洲英、法、德、俄各国军事，十七年返国。是时将军具有普度大学土木工程学士及弗吉尼亚军校政治经济学士双重学位，加上其家世及父亲交游，不难获得优良职位，但将军坚持从头干起，担任陆军教导师学兵营排长，逐次进升至陆海空军总司令部宪警教导队大队长，且因训练成绩优异大受蒋总司令赏识，调升为总司令部侍卫总队副队长。

民国二十六年对日抗战军兴，将军任税警总团支队司令率部扼守淞沪前线战场正面，常挑选精锐组织敢死队击破日军猛烈攻势，并用人力急造方法，破坏日军之机械化橡皮桥。日军战后在此地竖立纪念碑，文曰“遭遇华军最激烈抵抗于此”。当战事猛烈进行时，将军到达所部某团指挥所询问状况，团长报告全团伤亡殆尽无兵可派，将军曰：“你仍在？”团长立即赶往前线，旋接报告团长阵亡，将军亦迅速前往，又负重伤倒卧血泊中，昏迷欲绝，幸经卫士背负而出，并由一爱国青年慷慨捐血挽回生命，疗养经年始得康复。

民国三十一年，将军奉令率领第三十八师应英军之邀进入缅甸，前后三年胜利班师。据随军记者所记，反攻缅北时国军均受美军将领史迪威之指挥，史向称专横，唯于战略方面将军如有意见常据理力争，不稍退让，史亦优容接受相安无事。至于美军派来之联络官虽为上校，讨论军事时更唯唯是从。证以日后在陆军总部时，顾问团陆军组之任何计划与建议，均须事先获得将军之同意始能付诸实施。记者又称，当时随军记者住宿均由部队代为安排，将军未上前线时常于饭后与记者闲谈，诚恳希望记者报道战局，要着笔于部队作战的英勇以及与盟军的合作，尽量避免写其个人。又慨叹近日流言："谓我排斥黄埔军校出身的军官，其实三十八师副师长以下各级干部，几全是军校毕业生。又有人谓我亲美，其实我虽有许多美国朋友，但最恨国人媚外及挟外人以自重的卑鄙奴隶行为。"

民国三十八年，陆军训练司令部招募青年，以备训练成为干部，其中有一部分为十余岁之幼年子弟，将军特成立幼年兵队加以训练。另有年仅十岁左右资质优秀者四人，将军则命其就读"国民"小学，以后又循读中学、大学而留学美国且获得博士学位，现在"清华大学"客座教授之揭钧即为其中之一，其余均在美国教学。

第一次世界大战赫赫有名的盟军总司令潘兴上将（General of the Armies John J.Pershing）VMI的教育宗旨是培养"军官—君子"（Officer And Gentleman）也是"寓兵于民"（Citizen-Soldier）。"新生管理制度"（Rat System）该校称新生（一年级生）为"耗子"（RAT），每一位新生都被分配到一位四年级学生作为他的"监护人"（Dyke）。VMI多年来杰出校友众多，尤其是马歇尔五星上将（General of the Army George C.Marshall）。个性很谦虚的马歇尔答称："总统先生，你的希望对我而言就是命令（Mr. President，Your Wish is My Command.）。"罗氏遂称："那太好了，我实在离不开你。"于是任命艾森豪威尔聘任盟军统帅。陆军副参谋长、盟军副统帅汉迪上将（General Thomas Handy），第十五军团司令吉罗上将（General Leonard

T.Gerow），一九二六年飞往北极探险荣获国会勋章的勃德将军（Adm，Richard E. Byrd，Jr.），参议员勃德（U.S.Senator Harry F.Byrd，Jr.），美国驻太平洋空军总司令哈瑞斯上将（General Hunter Haris，Jr.），其中美国陆战队前后两任司令都由VMI校友担任。薛伯德上将（General Lemuel C.Shepherd，一九一七年班，一九五二~一九五六），后任斐德上将（General Randolph Mc.Pate，一九一二年班，一九五六~一九六〇）迄今传为佳话。

怀　念

云　镇

民国三十一年四月十五日，英军总指挥官司立姆将军（General Slim）下令炸毁仁安羌油田，烈火中英军夺路逃走，日军见油田火起，即以三十三师团之二一四、二一五两联队快速进扑仁安羌企图保住油田。二一三联队乘车急驰抢占宾河渡口，将英印军十七师堵在宾河南岸，陷于绝境，敌另以一个加强大队飞速抢占了仁安羌北面的宾河大桥，截断了由斯考特将军指挥的英缅军第一师及装甲兵第七旅约七千余人的后路。又因受三十三师团主力之包围于仁安羌油田，情况十分紧急，司立姆将军特紧急要求孙将军予以援助解围。仲公以为，救援盟军义无反顾，但只要求英军再坚持一日，切勿过早投降。争取时间，以运送部队，并加以布置。当时并告知英军：虽吾军战至最后一人，包括本人在内，必完成任务。翌晨以一一三团两个营，由纳玛北侧强渡宾河，迂回到仁安羌北侧，并完成反包围。日敌以为国军均已北撤，何来神兵南下？经激战一昼夜，一一三团第三营营长张琦少校，即在此役中壮烈成仁！敌在猛烈压力下不支解体，我军于十八日克仁安羌，歼敌一千二百余，救援之任务于焉达成！救出之英军七千人，装甲车十余辆及其他车辆三百余辆，并有美国传教士、新闻记者多人。撤出之英军，在撤退中遇到我军均感激零涕，竖指叫好，衷心感佩。我军经此一役，在海外扬威，震惊英伦三岛。此均出自长官平时训练统御，以身作则，智能兼备，有以致之。

此后即受命掩护史迪威将军的指挥部及英军之撤退，时日寇穷追于后，分秒必争，经温早的悬崖峭壁，并徒涉拉马河，时发现日寇以炮艇追来，吾军以火力袭击之，终能在印缅边界之英法尔附近集结，此行以计划周详，路线选择正确，警觉性高，终能将全军人员装备，保持战备状态，亦是统御决策的结果。

孙立人陪同何应钦、俞大维视察驻印蓝姆迦部队之整训

英方政策绝不愿国军入印，并有先缴械之预谋。仲公处置适当，即邀请英军东方警备军团长艾尔文将军阅我部队。当时看到此经野人山而全师入印之部队人员武器保持战备状态，亦不尽衷心敬佩。经亚力山大将军向魏菲尔上将建议，此曾解救英部队七千人之劲旅，于情于理，并限于事实。乃改变态度，勉强欢迎入印，并予补给支援。

国军既入印集结，英当局遂选定比哈省（Bihar）之蓝姆迦（Ramgarh，Bihar，India）营区为训练场所。由美军史迪威将军选其将校主持训练，并分别各特种兵之训练，步、炮、工、通信、装甲、兵工运输等，均设专业训练学校，包括由士兵经班、排、连、营，以至于校官之战场指挥等，均在积极训练进行。人员之补充，由空运物资赴滇之运输机 C–47 飞越驼峰（Himalayas），于返印时即带回补充兵源。镇即在昆明经西南联大外文系主任陈福田师之推介，于辞去交通部国际电台工程师之职务，投笔从戎，搭乘此运输机，由巫家坝起飞，当飞过喜马拉雅山之驼峰时，约在二万尺之高空，空气稀薄，飞机上无氧气设备，亦无降落伞，如遇敌机或机件故障，只有机坠人亡，如此者亦不在少数。抵印后集中于阿萨姆省（Assam）之度姆度玛。此地为产茶名区，临时搭设帐篷办公住宿，并逐次编成梯队。由指定带队官及通英语之联络员带领，一路经火车渡轮，抵蓝姆迦基地。镇以电子专业任为通信教官，专任美军通信装备之使用、通信网之建立等专业之教习，均以美军之典范为依据。在蓝姆迦比较值得一提的一二事略述如下：

民国三十二年元旦，英国政府指派比哈省长在蓝溪代表英皇乔治六世为孙将军授勋，典礼中并邀请观礼的有美国后方勤务部印度支部长惠勒中将（General Wheeler）、史迪威驻印指挥部参谋长柏特那少将（General Boatner）、中国远征军司令长官部杨参谋长及新编第二十二师师长廖耀湘将军，还有印度贵族多人。典礼中，大家起立，省督致辞："奉皇帝陛下之命，本人代表陛下以 CBE（Commander of British Empire）英帝国司令勋章授予阁下，以纪念阁下去年在缅甸创造的功绩，和对阁下这种英勇行为的崇敬。"勋章佩带完毕，省督与孙将军热烈握手并致谢辞，答谢完毕，即宣告礼成。并答谢参与典礼之来宾，孙将军在此典礼中颇显现儒将典雅绅士之风度。

事后不久，美国罗斯福总统亦颁发丰功勋章（Legion of Merit）并颁颂辞："中国孙立人将军于一九四二年缅甸战役在艰辛环境中建立辉煌战绩。仁安羌一役，孙将军以卓越之指挥击灭强敌，解救英军第一师之围，免被歼灭，后复掩护转进，于千辛万苦中从容殿后，转战经月，至印后犹复军容整肃、不减锐气，尤为难得可贵。其智能兼备超人之处，实足为盟军楷模。"

镇自投效追随孙将军到达印度蓝姆迦后，当即参加训练工作。当时国军之通信装备不过是有线、无线电等简单设备。无线电每师有一个排。电台之无线电电力不过十五瓦特，用于师到团营尚可应付，唯如欲通达距离如由印度联络重庆则非能力所及。当时每师装备有 SCR–177 电台一座，为七十五瓦特之输出电力。此机变换波长（频率）时有调节箱三个均为长波范围，用地师至团营联络卓然有余，如欲通重庆因长波利用地波关系无法远达数千里。经计算后，以不常使用之最长波调节箱改装并调节其谐振电路改成短波（即较高频率）之发射。经试通终于畅通重庆。此事近日在美与方砚农先生偶尔谈及，方公彼时在战时首都重庆专负最高统帅部与远方之各部队通信，足以证实此事。此将近半世纪之事也，谈起来抚今追昔，不胜感慨万端。当时国军在印度归史迪威将军指挥。为能与重庆

史迪威将军代表美国总统罗斯福授赠丰功勋章予孙立人将军

联络，可以随时就现况请示最高统帅，足见仲公对国家领袖不限于在远而忠诚如一也。

民国三十一年六月十四日，新三十八师被邀参加联合国日在印度首府之德里（Dehli）举行的阅兵典礼，派步兵一排随罗卓英将军出席，当日我国国旗与英、美、苏各国国旗同飘扬于天空，分列式后，阅兵官讲评我部队在参加检阅之十一国军队中，军容壮盛，操作熟练，荣获第一。当晚由印度总督举行盛大的宴会被请参加，并在席间对我军训练表现备加赞扬。此排士兵由德里经加尔各答（Calcutta）时，当地侨胞举行盛大游行，热诚欢迎国军英雄，为当地首开纪录之壮举，扬威异域为国家争取荣誉为最光荣之一页。

七月十五日，全师开入比哈省蓝姆迦进入整训。到三十二年一月，驻印军在蓝姆迦已整训了半年。当时滇缅公路已被封锁了一年，对于抗日战争所需之军用物资，只有靠飞越喜马拉雅之驼峰运输飞机之运载，真乃杯水车薪，实效甚微。至三十二年春季开始，驻印军之训练补充已大致完成。反攻缅甸、打通中印公路之时机，于焉开始。

反攻之前，新编三十八师逐次由蓝姆迦先开往列多（Ledo）集结，以备深入缅北之绝地。此一地区为世界上最大雨量之原始森林区，通称为野人山，胡康河谷是一个大盆地，面积有一百二十平方英里，其中有大龙（Tarun Hka）、大奈（Tanai Hka）、大宛（Tawang Hka）、大比（Tabyi Hka）四大河流，每到雨季，山洪暴发，一片汪洋，其间之层层密林，暗无天日，蟒蛇爬行，到处是吸血蚂蟥从树叶上落下来，地上泥深没膝，蚊虫肆虐，人类生存其间已为绝境，更何况强敌即在面前。当面之敌，其前身为久留米师团，当时为第十八师团，曾经在淞沪、华南、越南作战，并受有森林训练之劲旅。

新三十八师移驻列多卡图地区，继续森林战训练，同时派一一四团进入野人山区，在卡拉卡至大加卡一线占领阵地，掩护筑路。敌军十八师团以一一四联队一部占领新平洋一带，经常来犯，屡被击退。筑路与油管工程同时并进，到五月雨季来临前，先头已进至缅甸边界距列多四十三英里处，雨季开始后，工程进度大受影响。首先的较大接触即为于邦（Yupong Ga）之役，第一一二团第一营李克已营长带了一连人赶到于邦，因机枪连长吴瑾与阵地同亡，敌军遂从下游偷渡增援，与原守于邦之敌联合，反将李营四面包围，自十月二十二日被围起到援军到达时，已经被五倍的敌军包围近一个月矣。自一一三团和一一四团及山炮第二营奉命增援起，艰苦走了二十多天才到达指定地点。李营只靠些空投给养弹药以维持生活，并吃了三天芭蕉根。至十二月二十三日才内外夹攻，展开血战，激战至二十八日，经过七昼夜的歼灭战，我军伤亡了二百三十多人，敌军死伤更大，阵亡的重要敌酋有五十五联队长藤井小五郎大佐和大队长管尾少佐。并俘虏十三人，余均阵亡。

此一旗开得胜的战斗，对以后之战役影响很大，主要是信心的考验与加强，并打垮了敌军的士气。

于邦之后，紧接着就是孟关之役，从三十四年一月十二日到二月九日将近一个月的光景，与敌发生大小战斗五十余次，打死敌军大队长宇生少佐，室隅大尉，中队长山林、松尾、大森、小野等官兵六百余人。

此时新二十二师及战车第一营开始出动，担任正面攻击。新三十八师左翼即向孟关敌后做深远迂回，连下三十多处据点，进展一百八十里攻到瓦鲁班附近。右翼亦攻下丁克林等村落十余处，两翼合军于三月五日克复孟关。根据孙将军之森林作战指导，认为以适当兵力从正面攻击，吸住敌人；而以主力从森林中开辟新路迂回敌后，截断其补给联络线，阻止其后方增援，对正面之敌，施以包围夹击，便可轻易收歼灭战之效果。

此一战斗方式初用于克复沙都阻（Shadutzup），后用于西通（Seton）。后者由一一二团担任，没有炮兵，没有马匹，自背四天干粮与一个基数的弹药，自五月二十一日起，绕过瓦兰，偷渡棠吉河，至二十六日上午为限，到达加迈以南的南高江，渡河成功，使加迈区敌军陷入我军包围中，有辎重联队野战重炮奇袭，不战自溃。获十五公分重炮四门、大卡车七十五辆、骡马五百余匹、粮弹库房十五座等等。六月十六日经敌猛扑后，敌死伤二千七百余人。一一二团截断公路后，加迈之敌陷入弹尽粮绝之境，从马拉关到加迈一带六十里的坚固阵地完全动摇，加上新二十二师正面的猛攻和一一三团从支遵的侧击，整体崩溃。吾军继续攻击孟拱与加迈，并进而夺取密支那（Myitkyina）。从占领加迈到攻下孟拱，并打通加孟公路和孟密铁路，一路顺利地扩张战果。敌军士气沮丧，多因病饿而死。敌我的死亡比例是十二比一。下一个战役即为攻取密支那。此城为缅北重镇，旁有伊洛瓦底江，并为铁路终点，公路亦四通八达。此一攻击任务由美军步兵一团、我新三十师八十八团和五十师一五〇团组成，归美军麦克利尔准将指挥。后改任美军包特那准将指挥。此次攻击采取奇袭，自山中接近，一切通信关闭，部队均以干粮为食，在山中行军有半个多月之久，由四月下旬至五月十七日我军开始袭击西飞机场，当即利用此机场，用滑翔机将八十九团两个营运输投入战斗。自五月二十三日起到七月中旬，密支那进入拉锯式苦战，此役艰巨，战斗经三个月。先后毙敌二千三百余人，守城部队为十八师团一一四联队、五十六师团一四八联队及工兵队第十二联队。

八月五日攻克密支那，滇西国军经卫立煌将军指挥的部队亦迫近芒市，并攻下腾冲，双方指挥官决定先进行一次小规模的会师。地点在高黎贡山口中缅交界处，两边部队彼此敬礼，沿着国界线举行紧密握手。乡音国讯，欢声雷动，战友拥抱，欢乐融融。

孙将军在密支那的司令部当时改编为新编第一军，由仲公任军长，下辖三十八师、三十五师及直属部队，并继续完成中印公路打通任务。在密支那仲公为纪念阵亡将士，曾立一纪念远征阵亡将士纪念碑。下一个主要任务即是攻夺八莫。八莫工事十分坚固，经过惨烈的空军、炮兵及肉搏战，直到十二月十五日完全归我军掌握，敌指挥官原好三大佐即在战斗中阵亡，共计用了二十八天的时光。并俘虏池田大尉等二十一人，获战车十辆、机枪九十五挺、步枪一千二百支、各口径大炮二十八门。为纪念此一战役，缅北盟军以莫马克到八莫的一段公路定名为孙立人路，将八莫市中心马路定名为李鸿路（李将军为新编三十八师师长）。

而此之后，部队仍继续扫荡敌军，在南坎至腊戍玉雷允等地一百二十余里。南坎克复后，由空而降的来了索尔登（Gen.Sulton）、魏德迈（Wadmyer）、戴维斯（Daris）三位将军，吾国有宋子文先生、Monng Yu、卫立煌将军及孙立人将军于芒市会师，首先升旗，军乐奏中美国歌。各长官致辞："打到东京去！"当天正是一月二十八日，亦是我抗日"一·二八"纪念日。于是，中印公路自列多起，经密支那、八莫、保山到昆明共长一五六六公里终于完成，第一批由印度开往中国的汽车一百辆，另五辆于一月十二日自列多出发，直达昆明，并受到热烈的欢迎。另一千八百五十英里的中印油管，亦源源流送汽油到中国，远征军至此已完成任务。

三十四年四月，新一军调回密支那休整，六月经陆空运云南沾益并行军经贵州至广西南宁。正拟整备反攻广州湾，八月十五日，日本宣布无条件投降。新一军即奉命开往广州受降。新一军军部乘船沿珠江经梧州直达广州，部队开入广州时，受到国人热烈欢迎，此为自沦陷以来首次见到国军之威仪！在穗期间，曾举行接受日军投降典礼，由日降将田中久一签降书于中山纪念堂。此为三十四年九月七日，对抗战八年艰苦而得之胜利暂告一段落。并由日军战俘工兵修建我军抗日阵亡将士纪念碑。

本文摘自云镇《怀念孙立人将军》

追　随

潘德辉

在缅甸仁安羌，仲公亲率不足千人，以寡击众打垮了日军三十三师团二一四、二一五两个联队之捷，又在异域吐气扬眉，也使抗战中弄得灰头土脸的中国军队沾了一个大光；但因盟军指挥紊乱，英军有放弃缅甸以保印度之念而使战局急转，我远征军不得不向印度转进，于是年夏秋之间分别抵达印度阿萨姆省之列多和狄普鲁格，后又集中比哈尔省之蓝姆迦补充整训。

在蓝姆迦时期，部队小道消息传遍了仲公排挤军校学生的谣言，是年冬我奉派重返缅北各地调查兵要地志及搜集敌情，途经加尔各答，在餐叙中晤时任加城领事的李能梗先生，也认真地问我有关此事的看法及可靠性。我以亲眼见闻所得资料说明传闻有误，并列举仲公部属中之高级干部如唐守治、何钧衡、刘放吾、李鸿等均为军校先期学长，可能是仲公在援缅战争中唯一打了一次出风头的胜仗，且全师完整地安全撤到印度遭妒，被有意造谣中伤和蓄意毁谤，李领事

孙立人陪同宋子文视察驻印蓝姆迦部队之整训

认为我的分析客观公正，特别带我去见总领事保君健先生和驻印国防物资供应处主任陈质平先生再加说明，陈先生且要我写一份书面说明给他转渝。这虽然是一则毫无根据的谣言，却未止于智者，而且一直传播到现在。

一九八九年夏，我到北京曾以便餐邀请在京老学长郑洞国、侯镜如、徐××、郑庭笈、文强等聚晤，席间郑洞国将军特别提起此事，为仲公辩冤而唏嘘不已，且以他自印度到东北为例，仲公一再请他推荐军校同学参加新一军，另外郑庭笈将军（缅战时二〇〇师步兵指挥官兼五九八团团长，在东北任四十九军军长）更慷慨激昂的为仲公遭忌不平而说了很多推崇仲公的话，且当场挥毫亲笔写了一幅祝寿辞盖好章要我带呈仲公。一九九一年四月下旬，我陪安平弟去北京参加清华大学八十周年校庆，四月二十八日晚在京学长贾亦斌、郑庭笈、文强等在民革餐厅招待我们聚餐时，贾先生亦说他追随蒋经国先生担任预干局副局长时（局长乃经国先生），经国先生亦曾对他提过好多次有关此事，并说仲公保举唐守治出任二〇六师师长时，使经国先生非常光火的说：“今后二〇六师的人事，上尉以上、经费千元以上必须由他本人核批，否则一律不准……”我也特别分析在抗战初期，全国热血青年都投考军校或战干团，军校毕业学生亦愿参加正规军抗日，而仲公所率之税警团为非正规国军，军校同学谁都不愿前往，所以只有自行办训练所培训干部，事实上仲公先后在长沙和都匀所培训之干部，在两次缅甸战役中为国牺牲者几占百分之九十，可证明制造谣言之阴谋何其毒，而让仲公蒙受之中伤何其深，听信谣言者，又更何其怨和嫉妒；但也衬托出仲公的光明磊落，不予理会，正如孔子说：“君子坦荡荡，小人长戚戚。”“天生德于予，桓魋其如予何？”

一九四二年冬，中国远征军第一路军司令长官部撤销，改组为中国驻印军总指挥部，我编入总指挥部参二任小参谋，并做小史迪威上校（史迪威之子）之助手，继续在缅北及边境工作，一九四三年春末才回到列多，时新三十八师一一四团已由蓝姆迦进驻列多，我当即将所搜集之一切资料就近面告李鸿团长参考后返蓝姆迦，旋奉派至美军训练中心为教育参谋，协助黎度公将军办理将校训练班，调训国内军师长高级将

孙立人在战壕里察看敌情

领，如黄维（六分校主任）、王凌云（第二军长）、赵公武（第五十二军长）等均来印受训。

新一军成立不久，军长郑洞国将军指名调我至新一军参二工作，并令我再入缅北，时仲公已率部向野人山挺进。我所获之敌情资料都就近先呈仲公阅转电军部。

一九四四年五月中，为策应中美混合支队（麦支队）对密支那攻略，新三十师八十九团由印东北之摩鲁机场以运输机牵引滑翔机空降空袭密支那机场，我奉派于五月十七日参加空降攻克机场，六月初我负伤送印就医，七月伤略痊再提前回战地，密支那于八月初攻克，我完成密支那战役战斗详报后即奉派去印京新德里中国驻印陆军武官署，以助理陆军武官名义担任与东南亚盟军总部联络任务，未几，新一军扩编为两个军，仲公接任新一军军长，九月间仲公来新德里武官署，邀我回到新一军（时我的名额在新成立之副总指挥部），经电请示郑将军同意我回新一军，是我追随仲公数十年之开始。

记得我由新德里回到密支那军部之次晨，仲公邀我同进早餐，略示八莫情况，并命我即飞八莫去了解整个战况，我即遵命飞莫马克转八莫前线与官兵们聊聊进展情形，并听听大家的意见，大部官兵对于团长赵狄上校未能适机扩大战果批语甚剧，当晚我就回军部，将经过面报仲公，并建议为求激励士气应及时调动指挥官而蒙采纳，将赵狄调军部，改派王东离升任团长，巧的是八莫不久就攻克了。

当我军攻击八莫之际，仲公为求了解中缅未定界地区之情况，特命我率兵一排，由莫马克东行，爬过标高三千余米之兴隆卡巴至国境附近之陇川、岗崖、猛卯等设治局地区，沿瑞丽江两岸南下，搜集敌情并慰问边胞，途经陇川对岸之洋人街，不期而碰到军委会工作小组长郑文芬同学，据告，在曼德勒以北地区之我各工作小组均因交通阻隔，所有发报机缺乏电池以致无法通报而影响工作甚大，我立即派人回部，情商通信副指挥官云镇中校，速拨发报机用之干电池五十对，以骡马赶送到陇川，以军长名义亲交郑组长，设法转送各地小组应用，此后各小组确也发挥了通报敌情之效果，使新一军之敌情报告，在总指挥部二洋人的眼中均列为 A 级。稍后军委会戴雨农先生曾数次专电向仲公表示感谢，据传孙、戴二公曾因改编税警团时有点误会，彼此心存芥蒂很深，经此电文来往而消弭了其间不必要之误会，也堪称“师克在和”，国家有福。

我军攻克南坎后，部队乘胜向腊戍前进，溃散于南坎附近老龙山之残敌未予肃清，当我一一四团猛攻南巴卡时，配属该团山炮连阵地被散敌袭击，破坏了山炮，炮兵指挥官王及人上校以该连连长陆嘉昌上尉、连副谢宽中尉贻误战机，签请处以极刑。仲公批交军法处处长彭炼上校会同我查明办理，我认为炮兵既配属于一一四团，应请一一四团彭克立团长提供意见为依据较妥，经面报仲公而蒙采纳，即派彭处长与我同去战地拜访团长彭克立上校，彭团长认为流窜散敌未予肃清，后方地形又极复杂，炮兵本身系支持作战缺

印度华侨代表飞赴八莫前线，向孙立人将军献纪功旗。

乏防御力量，依情理仅能科以行政处分，难用军刑法论处。据此，访问结果与彭处长会签呈报，蒙仲公批交军法处裁决不起诉，改将陆、谢二人各降一级调部服务，仲公展现了孔子“与人为善”和“天地之大德曰生”的胸襟。

一九四五年二月间，中、泰、缅边区及怒江沿岸无人管地区发现有结伙抢劫、强奸妇女、强征鸦片的非法之徒作乱，引起边胞及少数民族和华侨之恐惧，纷纷向我军和英军战地政务单位求救，英方亦连续以备忘录咨请我军请设法取缔，仲公立命我率宪兵、步兵各一排前往做全权处理，我即率队由新维东行至怒江西岸之孟缓时，果然发现数十武装匪徒正在该地强征马匹，企图将抢到之鸦片内运，我即予包围缴械并予逮捕加以侦审，均自称是远征军三十一集团军谍报大队，其中一名年仅十三岁，名刘伯榕的川籍少年坦供：他们是一个月前由滇南结伙前来此地，目的是抢收鸦片内运贩卖图利，沿途确有抢劫、强奸、暴征之行为。此时附近边胞亦结集了数百人鼓噪要亲自杀这批匪徒，为了平抑边胞之愤怒和维护国家之形象及我国军之声誉，我当机立断，除留刘姓少年外，余十余人交宪兵就地处决，再将抢到之鸦片百余大包烧毁，另外亲笔写了一份报告请孟缓土司派专人亲送滇西呈三十一集团军总司令宋希濂将军陈述处理经过后即复命，当我向仲公面陈处理经过后，他老人家非常震怒，责我大胆妄为、草菅人命，并立即叫副官处长黄醒上校押我到特务营关入禁闭室，并要军法处查办。稍后，所有边胞如克钦族、掸族、景颇族、吉仁族等民族纷纷组团来军部向仲公献旗致敬，英军战地行政单位也来备忘录表示感谢，滇西宋希濂将军还来一电报说明该集团并无谍报人员在该地区活动，感谢我军处理适当，特别请仲公嘉奖我，最后仲公叫我去训话，要我今后处事不可莽撞，尤其不可乱杀人，然而总算说了几句安慰我的话而释放，结果我被关了十二天禁闭却获得传令记功一次。但也使我亲身体验出，即使罪大恶极，也应尽其活命生机，仲公仁厚，如沐春风。

军队编制中应有谍报队之设立，在缅甸作战时仲公一再要我负责组成，我虽然受过军事情报之专业训练，但对于抗战以来经常发现一些以谍报人员为幌子，到处招摇撞骗之行为，深恶痛绝，所以也一再以人才难找婉拒，因为那时我尚可以兼任美军克钦突击队（Kachin Ranger's）副指挥官和不时与军统局在缅各地工作小组之联系取得所需之敌情来判断。胜利到广州时，仲公认为在缅甸可以合作之条件已消失，命我务必依编制负责组成以应今后之需要，我亦知再无理由可以推托，遂向仲公禀明允我在教导总队亲自甄选学员二十余人组成，并声明谍队人事不可随便调派，以维持纯洁而免流于一群乌合之众，均蒙仲公允可。但谍队一成立，人事课即发派一位上尉组长来队，是人事课长章学钦的表弟，我毫不客气地加以拒绝，而引起章课长不满，以“抗命”的大帽子来压我，我不得已即拿人事命令去谒仲公，说明我不能接受之理由，而蒙仲公允收回成命，并叫章课长去申斥了一顿，但也因此影响我之升迁和带给我不少人事上的困扰，以后我每次升迁都是仲公亲下条子，而不是人事课正常的签报。

一九四六年五月，部队分别驻守鞍山、海城、营口等地。某日午间，我骑马至海城察看地形，至一大宅院旁，听到院内有凄惨的哭叫声和皮鞭抽打夹杂日语“巴格野郎”之骂声。我因好奇，下马爬上院边之大柳树窥看究竟，简直让我惊讶得几乎滚下树来。因为院内正进行一场威胁日本女孩接受玩弄的丑剧，除两名日语翻译正在鞭打日女外，全是我军师团级干部。见此情形我立即飞奔回部报告仲公，适仲公午睡，待从副官钟长富叫我不要吵醒仲公，但仲公已被吵醒，问我有何急事，我又不好明说，只请求他老人家能即刻同我去阻止一场正在上演的见不得人的丑剧，他不假思索立即命我开吉普车到该大宅院并撞开大门，一见那种情形，确让仲公愤怒已极，不由分说，手持马鞭，口中不断骂“畜生”“不是人”，逢人便抽打，打得那批不顾体面的一群人东逃西窜而散走，使这幕丑剧落幕。

同年九月，仲公兼任长春警备司令，命我兼任长警部参谋处二课课长，正巧东北监察使钱公来老先生抵长，即访仲公，报章早就发布人民如有冤屈可就近向监察使投诉之新闻，钱老提交一件特殊之诉愿状，是控诉长春警备部无故没收了一家酱油厂两辆私家卡车，屡次请求发还而无结果，且遭军方恐吓，并指明这两辆卡车目前由副长官部使用。钱老问仲公有无魄力来处理此案，仲公命我前往谒见钱老先生，并禀明，如酱油厂有确实证明车之所属资料，必在一周内办到物归原主。因为副长官郑洞国将军是我的老长官，而且也是重视道德的长者，于是我次日便去拜谒郑将军面陈案由，郑将军即命主任副官熊大铱查办，经查证属实，立即通知该酱油厂依规定手续具领回去以了此案。钱老特别为此事对新闻界发表赞扬仲公和新一军的谈话，在长春各报刊载，酱油厂老板也向仲公献锦旗致敬，并特赠上等酱油十大桶以慰劳警备部官兵。

一九五〇年七月十一日，我刚参加凤山陆军全军代表大会返回台北之际，突然接通知前往保安司令部保安处谈话。负责与我谈话的是保安处处长林秀銮和副处长张成仁，他二位都是我在参训班受训时的敌情教官，所以谈话都很随便，二人却要我把脑子放清楚一点，不要糊里糊涂代人受过，要我做一个识时务为君子的人。然后，进入正题，问我如何奉仲公命去接所谓“匪谍”的李鸿、陈鸣仁等来台，事实上，李、陈来台全是我主动做的，并非奉命办理，同时我也声明不愿做所谓识时务的伪君子。也许因为我的答复不能符合他们的意向，和我也不愿做所谓识时务的伪君子，所以从此开始我长期牢狱生涯。

在黑牢中度过五年后，于一九五五年之端午节前夕，我突然被提台北南所，旧话新说，说郭廷亮受共方派台湾任兵运工作，是我很明白的，要我坦白，这简直让我有丈二和尚摸不着头脑之感。有一日，一位姓毛的将军找我谈话，手指壁上悬挂的领袖介公肖像问我他是谁？我答："领袖。""哪里人？""浙江。""你是哪里人？""浙江。""你是军校学生吗？""是。""孙立人是何处人？""安徽。""听说孙立人对你并不好，且时常责骂你是吗？""不错，这是因为我有时太随便而受责。""你是浙江人，军校学生又是自己同志，你应该好好与我们合作，以快刀斩乱麻之手段将此案做一结束，好向海外侨胞及友邦做一个交代才是呀。"我很严正地说："我要做个光明磊落的人，为国家民族牺牲性命在所不惜，但我决不会昧着良心说不实的话。"并以开玩笑口吻反问他："听先生的口音好像是两湖人，而又姓毛，如今贵同乡同宗高居北京主席，为何不去追随，既是同乡又是同宗……"话尚未完，即被一声拍桌声而打断了，谈话后，我真的被送到如狗笼般的特制囚牢，折腾了四个多月，才送回桃园看守所。一直到一九五八年秋才让我恢复自由，但仍有每周向他们报到一次之限制。此时始获知仲公被诬，幽禁台中，其间曾数度前往拜探，均被一群凶恶之鹰犬阻挡而未果。

一九六二年秋，在纵贯线火车上遇老战友倪泗，他是仲公亲表弟，据告他可以获准往探仲公，并告仲公一些生活状态，同时还特别告诉我，仲公一再向他表示对我无故受屈感到很负疚，使我心中有说不出的难受……

一九八三年偶然拜读了陶百川先生八十回忆，其中曾提到他参与“监察院”五人小组调查孙案之结果，与公布的政府指定九人小组之调查报告颇有出入，因而五人小组的调查报告以致尘封于“监察院”数十年不见天日，深感监委如古御史大夫，且均为民选出来，没有理由不对社会交代，因即拟具陈情书向“监察院”提出请求公布五人小组调查报告，但却如石沉大海。

一九八七年七月，政府宣布解严并开放报禁和党禁，以往噤若寒蝉之孙案言论也逐渐在社会上出现。

有一年，台北动物园要为大象林旺庆六十岁生日，动物园知我曾参与缅北作战，大象林旺又是我驻印军在缅俘获的，特邀我到动物园对传播媒体做经过说明，并由中视六十分钟制作单位，请我邀请当年直接参与作战之师团及指挥官摄制录影以做介绍，但经久未播出，到播出时已被修改至面目全非，几位将领之声音全部被消音，仅如哑剧样在画面出现，使被访者啼笑皆非。因感当年我驻印军官兵在缅北丛林苦战数年，牺牲数万袍泽弃骨于异域而无只字片纸记录，幸存于今者亦已七老八十，若不再留下一点回忆，恐在历史上变为真空，因即发起组驻印军战友联谊会，并商得老长官舒适存将军、刘建章将军之同意和支持，遂于是年冬在三军军官俱乐部举行餐聚，由各地前来参加者五百余人，并特请当年参与战役之中央社老记者乐恕人先生前来聚晤，事先我亦曾间接请仲公届时颁训，而承亲友带来口信指示是“大家要爱国，不可搞小组织，不可玩政治或受人利用，并要大家保重身体”。此后，我曾设法请朋友介绍，恳请无党派立委黄明和先生、蔡胜邦先生先后在立院一而再仗义质询，以促孙案早日透明化。

一九八八年六月二十日午后，我突接孙夫人清扬居士电话，告诉我今日郑为元将军亲自宣布仲公已解除幽禁，当晚我赶去台中向上路孙府，看门鹰犬虽在，但无以往狰狞凶相，当我第一眼看到已三十八年整未晤的仲公时，他紧抱着我很久说不出半句话，我则咬牙强忍着眼泪向肚内流，一会儿后他老人家开口第一句话是“潘德辉，你为什么这样傻”，让我无话可答，在台中待到近午夜我才回台北。是年乃仲公八九虚诞，以中国人的习俗，做寿是做九不做十，因之我即准备为他老人家做一次九十大寿，当我把此意面禀时，他一口拒绝说“我不做寿”，我顶他一句“是我们许多老部下要为你做寿，答应与否我们都要做”。因此我四月动身去大陆，要把仲公解幽之喜讯带给留在大陆的老战友，并告诉他们今年冬有要做寿的计划，五十天时间我从广州、上海、杭州到东北各地，回程到北京、武汉、长沙，返台即开始筹备，并面谒舒适存老将军报告此意，并请舒老主持筹备主委时，舒老毫不犹豫地回答：“此意甚好，我虽然年逾九十，身体也不好，届时我走不动也会爬去主持。”并一再叮咛要我好好地准备，在筹备时间内，我遭到很多不必要的困扰，大意都是问为什么要为孙立人做寿，目的何在，有哪些人参加等莫名其妙的问话，一直到寿期前夕仍有多次的访谈……

寿期之日，参加祝寿的袍泽近万人，把中正“国小”大礼堂楼上楼下拥得水泄不通，场面非常热烈而感人，算得上圆满成功。当晚仲公非常慈祥地问我：“潘德辉，你为何老是做傻事？”我则反问他：“仲公，你今天快乐吗？”他毫不思索地答：“我太高兴了，数十年来今天最快乐。”我听后也以玩笑的口吻说：“仲公，我做傻子的目的已达到了。”引起在场的十多人哈哈大笑。

一九八九春节，我去向仲公拜年，我带了一篇大陆报纸报道有关仲公祖墓的写景文，他有感而发地说：“为人子不能亲拜祖墓，算不得是人！”他对文章表示怀疑而唏嘘感慨。此情此景，我因即动身去安徽庐江，即表示愿代表他回乡亲祭祖墓。经查访，才知仲公父母坟墓早于一九六〇年被挖移于月眉山麓大众墓地，经一周查访，附近农户始证实十余土丘中之一丘，确为仲公父母之墓厝，始行隆重之拜祭，并拍照带回，并顺道长沙找齐副师长墓园，及飞南岳扫祭孙夫人母墓。当我返台向仲公报告经过进度，仲公要向我行跪拜大礼，而让我紧紧抱着要求才免去。稍后，他又想替父母之坟墓重新移葬于老家金牛山，一再问我他自己是否可去大陆办理此事，我要他老人家先把身体养好，任何地方都可以去，到时我一定会陪他去的。一九九〇年春，他命哲嗣安平回乡扫墓回来后，对此事很急切，也一再同我谈及，所以我于九月再度去安徽与当地有关单位交涉金牛山麓墓地位置及计划费用，于十月九日夜返台，次日为“国庆”假期，交通拥塞，所以我于十一日赶去台中时，仲公已入昏迷状态，满口呓语，情绪激动，我在他耳边连声说：“我是潘德辉，已由庐江回来了。”美娘也帮忙叫：“是潘德辉呀，已由家乡回来了啊！”如此叫了很久，他才有一点反应，喃喃地说：“潘德辉，为什么到今天才回来，我等你好久啊！”接着又昏迷过去，我立即电话台中荣总，请速派医护人员前来做急救并请安排病房，荣总也很快派医生护士来做一切急救处理，并办入院手续，但他老人家拒绝去医院，一直到傍晚始经几位老友尽力扶入轿车送去台中荣总，在医院住了一个多月，病况时好时恶，至十一月十九日上午十一时十五分，一代民族英雄就与世长辞了，他的德业事功却永远活在我们心中，他诲人不倦、劳而不怨、被冤不言的精神，正是我们学习仿做的典范，正是孔门名言“天何言哉，四时行焉，百物生焉”。青天可不就是在我们头上，它光明、无私、公平、正直、仁慈，一直滋润着大地，被泽养苍生。

本文摘自潘德辉《半世追随　一生披泽》

在印缅战区

吴铭绩

一九四四年我大学毕业，系里本届毕业的男生全被征调到军队里，作为中美之间的通译人员。我和一些同学被送到缅北。

我们这批刚跨出校门的学生，怀着一颗对日本军国主义仇恨的心来到缅北，刚到前线，孙将军就接见我们。他仪容端庄、态度和蔼，看上去是个慈祥的人，跟我在电影和小说里看到的挺胸凸肚、气势蛮横的高级军官形象大相径庭。他叫我们不要受美国人的气，出了事有他支持我们，使我们跟美军指挥部派来的联络官交往，都能维护祖国军人的尊严。联络官对我们中国军人也挺客气。有一次跟我住在一个帐篷的美军中尉联络官兴致勃勃地告诉我："今天将军接见我们，还请我们喝咖啡。"说着他十分得意地拿出来一张用毛笔书写的简单请柬给我看。原来，在美国一个尉级军官是难以得到将军邀请的，所以他引为殊荣，很郑重地把请柬保藏起来，说是要带回国内留作纪念。

我们跟美国军人发生矛盾的时候也有，是我们同

孙立人在胡康河谷视察

学受命去交涉一批马匹渡河的事。管摆渡的美军不让渡，说理、交涉，无效。我们的同学便命十二名士兵端起冲锋枪，一字摆开，子弹上膛。把四个美国兵吓傻了，只好殷勤地协助渡河，临别时还“OK”“顶好”喊得挺火热。类似的纠纷还有多次，这里就不一一列举了。这就是孙将军叫我们不要受美国人的气的效果。其实孙将军对全军训话时就是这样说的，所以很得到下级军官和士兵的拥戴和好感，认为孙将军是很有骨气的。

中、印、缅战区除我们中国军队外尚有美军、英军和印军。战斗力强、战绩辉煌的，要算我们中国军队，八莫、密支那、孟拱等重要据点都是我们攻下来的，这恐怕是孙将军在盟军中具有崇高威望的主要原因。然而新一军所以能如此勇敢，还是和孙将军宽严相济的治军方法有关。我听一位副营长说："孙将军不枪毙人，关禁闭已是很重的惩罚了。"还说孙将军的夫人笃信佛教，一直主张不妄杀人，不知是否真实。但将军不苛责他人、常鼓励士兵则是确凿不疑的。这里记一则新一军在战场上奋勇杀敌、勇敢拼斗的小故事，以证此说之不谬。

一次我军跟日军遭遇，因距离很近，进行肉搏战。一日军用枪上刺刀向我战士腹部猛刺一刀，刺个对穿。因为二人靠得很近，我战士抓住对方喉管猛力一拉，竟把日军的喉管拉了出来，因而死亡。我们这位腹部被刺个对穿的壮士却在医院里治愈了。孙立人将军因而接见他，对他倍加赞赏。

印缅抗战

王伯惠

孙立人将军是抗日名将、清华一九二三级校友、原鞍山东北清华中学的创办人。我在抗日战争期间，曾被征调从军，到当时的印缅战区孙将军所部当翻译。回国到东北后退伍，一九四六年又受命承办鞍山东北清华中学，与他接触较多。关于他的生平事迹，在中国革命博物馆编写的《国民党将领传略》一书中有比

一九四二年孙立人校阅驻印度蓝姆迦部队

较翔实的介绍，这里不再赘述。本文只将当时我所接触、了解的一些情况写出。

一、第一次见到孙立人将军

第二次世界大战期间，一九四一年十二月七日，日军偷袭珍珠港，爆发了太平洋战争。由于英、美盟军缺乏准备，使日军长驱直入，两个多月时间，即直下香港、新加坡、越南等地，进犯缅甸，计划在印度和希特勒会师。当时我国沿海一带都被日军侵占，外国军火、汽油等军援物资完全依靠滇缅公路，如果滇缅公路被切断，就会被日军完全包围封锁，无法得到外国的接济。当时缅甸是英国的殖民地，英国正集中力量应付希特勒的进攻，无暇东顾。但又不愿意中国军队去参与保卫缅甸。直到一九四一年末，日军将开始进攻仰光了，才同意中国军队入缅。当时由罗卓英、杜聿明率领中国军队五个师入缅（其中新三十八师师长是孙立人），称为“远征军”。由于与英军配合不良、仓促应战，屡屡失利。四月，日军东翼展开突袭，直插滇缅公路的终点腊戌（腊戌以南即有铁路），五月八日即占领滇缅公路上我国境内的边境城市畹町，切断了滇缅公路并越芒市、龙陵，直达惠通桥，深入云南腹地一五〇多公里，同时占领了滇西北重镇腾冲，切断了缅北与中国的通路。于是整个入缅军队处于被日军大包围之中。没有后援，只有全线撤退。新三十八师和新二十二师向西撤入印度境内，其余三个师由杜聿明率领向东撤入云南境内。缅甸全境遂陷入敌手。

这就是第一次缅战。当时我正在昆明西南联合大学工学院土木工程系念二年级。

撤到印度的两个师，从一九四二年八月起，在印度蓝姆迦补充兵源、装备，进行训练，积极准备反攻缅甸。一九四三年二月从印度利多出发，经过四十三公里的行程，即越过印缅边界，进入缅北，开始了第二次缅战。这时称为“驻印军”，由印缅战区指挥部指挥，总指挥为美国将军史迪威，副总指挥为郑洞国将军。当时军队的给养、服装由英方供给，军火、装备由美方供给。边进军边修路，拟通过缅北的密支那另辟一条中印公路通向中国，同时铺设中印油管。筑路和油管主要由美国工兵进行，中国军队主要是打仗。从营、团到师部都配有美军联络官，中方配有译员，称为翻译官。这时为与盟军配合作战，需要大量译员。政府决定抽调大后方一九四四年度大学毕业生从军充当译员，我当时就在应征之列。

西南联大是北方三所大学：北大、清华、南开在抗日战争开始时，先在长沙，后在昆明联合成立的一所大学。由于北大、南开都没有工学院（南开只有一个化工系），工学院班底几乎全是清华的。一九四四年一月底，工学院布告牌上贴出了驻印军新三十八师师长孙立人的来信，征召毕业同学土木系五人、机械系五人、电机系五人，共十五人去军中充当译员。当时工学院院长施嘉炀先生即是孙立人在清华学堂的同级同学。在第一次缅战期间，孙立人即从联大要了一

在蓝姆迦训练基地，孙立人在枪兵身边指导射击技术

些同学去军中当翻译。这次，我们看到了征召信之后，我和院里一些同学即前去报名（其中有后来一起到东北清华中学教书的王德硕、戴祖德、张世斌等），名额满了之后，立即办理手续。于一九四四年二月十六日，我们十五人同乘一架飞机，经三个小时的飞行，越过驼峰（喜马拉雅山别称）到达印度利多，再转至新三十八师后方留守处。受两个星期的战地军事训练，即乘汽车循刚建成的一段中印公路开赴前线，到达缅北密林深处的师指挥部。第二天，大家列队等候孙立人的接见。这是我第一次见到孙立人将军，他身着一套与我们一样的暗黄色英式军服，面庞清瘦，脸有胡须，两目有神，言语缓慢不多，除嘱咐到前线打仗必须服从指挥和注意安全之外，并征求有何意见。我说，我是学土木工程的，希望能有机会做一些工程工作。

事后第二天，我被通知到师直属工兵营去做翻译。以后，军中的一些工程也都让我去参与，看来孙将军是考虑了我的意见和要求的。

二、军中的一些轶事

到了部队之后，和一些老兵闲谈，知道他们大多数是身经第一次缅战退到印度的。他们都称道孙立人指挥有方，说：一九四二年四月中旬，到缅甸曼德勒后，即遇到英军第一师在撤退途中被日军包围在仁安羌已经两天，弹尽粮绝。英军发电报说，八小时之内，如无救援，即拟投降。孙立人奉命率三十八师驰援，经过一天一夜的反复冲杀，卒将日军击溃，救出英军七千余人。这一战役，使中国军队扬威国外。新三十八师和孙立人获得了英皇颁发的帝国勋章和美国总统罗斯福颁发的丰功勋章。

第一次缅战失利后撤时，孙立人奉命率三十八师断后，掩护中英军队后撤。断后是处于最后的位置。由于孙指挥有方，不但使中英军队安全撤入印度境内，三十八师亦经缅北安全地撤入印度境内。虽经翻越野人山，历尽艰险，但损失不大。从五月二十日到三十日，即只用十一天的时间就到达缅印边界，孙先令部队休整一日，换洗衣服，整饬军容。然后进入印度。前来迎接的英、印军官都感到非常惊讶，原以为被迎接的一定是一支疲惫不堪的残兵败将，哪知眼前出现的竟是一支容光焕发、威武雄壮的整齐队伍。到后不久，又赶上在印度的十一个国家军队在德里举行联合阅兵典礼。新三十八师代表中国部队参加，以军容庄严、精神饱满荣获第一名，又为中国军队争了一次光荣。

缅北反攻战第一战略目标是夺取缅甸西北重镇孟关。当时我军须在名叫野人山的原始森林中开路前进。该地山高林密，渺无人烟，四面猿啼，疟蚊蚂蟥遍地，自然条件十分恶劣。日军据险顽抗，且组织两三人成组的狙击手，昼夜躲藏在树顶上打冷枪，并学猿啼以传递信号，造成我军很大伤亡。为迅速拿下孟关，孙将军立下了“不到孟关，不刮胡子”的誓言，从而大大鼓舞了士气。果然不久，孟关即为我军所攻克。

远征军进入胡康河谷后，孙立人蓄须不剃，军中传出“不下孟关不剃须”之说，图为离火线不到五十公尺，他在用大树作掩体的壕口

孟关攻克后，部队临时休整几天，师里有一个“鹰扬剧团”，是重庆一个有名的京剧团从军后改编成的。剧团演几天戏祝捷，慰劳官兵。各团、营轮流观看。剧场设在森林里的一个小开阔地

上。就地砍伐竹子搭成戏台和板凳，我也随工兵营官兵前去观看。演的是《八大锤》岳家军大战金兵的故事，十分精彩。原来孙立人十分崇敬岳武穆精忠报国的精神，常常以岳飞事迹教育部队，勉励大家奋击日寇，还我河山。军内办了一油印小报，就取名为《精忠报国》。传说岳飞是大鹏下凡，军队便以“鹰”作为军徽，剧团也取名为“鹰扬剧团”。我在昆明当四年穷学生，什么戏也没有看过。到了军队前线却看到了这样高水平的京剧，实在是意料之外。后来这个剧团随军来东北，东北解放后并入了沈阳京剧院，一些有名的主角现在还都健在。

这时还要提一下孙立人不盲从附和及迷信洋人的自主自重的作风。缅北反攻之初，史迪威指派了一个名叫博特纳的将军为先头部队的副指挥。这位将军缺乏与日军作战的经验，低估了日军的作战能力，要中国军队快速前进。孙坚决反对，并闹得很僵。最后，孙直接向史迪威提出要求撤换博特纳，而由中国人自任先头部队副指挥。史迪威借口没有适当人选为理由，没有撤换。反攻开始之后，果然遭到了日军顽强抵抗，我军伤亡甚重，美方才不得不承认错误。由于孙立人的战绩和他的铮铮骨气，美国人对他都很尊重。我们这些在基层的译员和美方联络官也都能互相尊重，战斗一心。我们从不低三下四，盲目崇洋媚外。当我们沿缅甸西部向南反攻的时候，从国内又空运三十、五十两个师到印度，与美、英盟军和缅北土著民族克钦部队共同袭击缅北重镇密支那。五月中旬，攻克密支那郊外机场之后，由于互相之间联络失误，日军得以火速增援，于是形成了逐寸土地争夺的胶着战。直到八月初，才全部攻克密支那。（后来在东北清华中学任教的张世斌、周明道两先生，当时在军中任翻译官，参加了密支那战役。在雨季的战壕里蜷伏了将近一百天。）这以后，新三十八师和三十师合编成新一军，孙立人升任军长。军部设在密支那。下设翻译室，主任是衣复得（清华大学教授，一九三三年留美，学水利工程）。我和张世斌被调到军翻译室。在密支那，我奉孙命，在衣复得指导下勘察设计和修建了一座新一军印缅战役阵亡将士墓。工程未竣，又随军南下。

这时部队主力继续向南进攻八莫。八莫是滇缅公路由滇入缅第一大城，在伊洛瓦底江畔。日军据险顽抗，互相逐房争夺，展开巷战，相持十余日，战斗十分激烈。后来敌力不支，一个晚上偷偷撤去。第二天我军进攻，已无人抵抗，才发现敌军逃跑了。后来听当地原住民说，敌人只剩下一百余人，藏在江中涨水冲下来的大草垛下面，口含芦管露出水面换气顺流而下逃命。这时是一九四四年末。由于没有全歼敌人，主攻的一一三团团长赵狄受到撤职的处分。打了胜仗，还要把指挥官撤职，孙立人治军之严可见一斑。

这时，国内滇西部队也展开反攻，克复腾冲、龙陵、芒市，直到畹町。畹町是滇缅公路云南边境上的一个城市，隔着中缅交界的瑞丽江就是缅甸的南坎，那里已被三十八师克复，于是中印公路全部打通。一九四五年一月间，新一军和国内部队在那里会师。当时瑞丽江由美国工兵两个连负责架设一座长四四〇英尺的“贝雷吊桥”。贝雷桥是英国工程师贝雷在第二次世界大战期间发明和设计的一种军用装配式钢桥。可由一岸向对岸推进，建造十分迅速，为支援战争做出很大的贡献。做成简支梁式，跨径可达两百英尺；吊桥式跨径可达四百英尺。瑞丽江桥跨径四四〇英尺，超过了规范规定的最大限度，特调在北非战场建桥的贝雷的助手卡瑞（Carey）上尉来指导。军里派我和张世斌前去学习和协助，我们在桥边住了一个多月，直到建成后亲自坐车过桥到了云南境内，才又回到部队去。事后我写了一份技术报告，寄回昆明西南联大工学院土木系，介绍贝雷吊桥的情况和心得。在八莫，军里又建了一处阵亡将士公墓，我因在南坎参加瑞丽江桥工程，未能参与。

这时，部队已继续南下攻克了滇缅公路的终点腊戍，滇缅公路遂全线打通。一九四五年五月，部队开始空运回国到广西前线，准备反攻南宁。空运由几个机场起飞，整个军一共运了两个多月，当时我和张世斌在密支那机场办理空运，直到最后一批伤病兵全部运完，我们才随留守处十余人坐汽车沿滇缅公路回国。到昆明附近的沾益军留守处待命。这时已是七月中旬，不几天就是“八一五”。日本投降了。五月间欧洲战场希特勒垮台，柏林被盟军解放。欧洲盟军统帅艾森豪威尔特邀孙立人去欧洲战场参观，孙在那里受到了艾帅、美国名将第八军军长巴顿和法国戴高乐将军的热情接待。

三、进驻广州受降

"八一五"日寇无条件投降后，新一军由南宁进驻广州受降。受降仪式于九月十六日在广州中山堂举行，日本降将田中久一将其佩剑缴献。一九四七年四月清华大学校庆时，孙立人派潘申庆（清华外语系从军同学，参加第一次缅战）到北平将该剑赠予母校。由梅贻琦校长主持了隆重的接剑仪式。

我在九月初随新一军沾益留守处车队经贵州、广西到广州。到广州后，翻译室已撤销，我和张世斌调到军务处管理汽车和工兵器材，处长为夏彦儒（清华一九二三级留美学机械工程，后为东北清华中学董事）。年底，我又受命在广州监建一座新一军阵亡将士墓，该墓是由清华一九二六级留美学建筑的校友过元熙设计的，抽调六百名日本战俘施工。当时正酝酿中、美、英、苏同盟国派军占领日本。中方已定新一军前往，军中开始积极进行准备。一九四六年初传来消息，只由美军单独进占，其他盟国军队不去了。新一军改调去东北，二月间开始在九龙上船北运。这个期间孙立人参与商震率领的一个军事代表团去美国访问，四月间才回国到东北。

四、鞍山东北清华中学的创建

我于一九四六年四月随军来东北，这时正值国共谈谈打打、三人小组调停的时期，军队正在酝酿复员。我们一批征调从军的同学，征调二年已期满。此时报载七月间要举行全国留学考试。以前每年一次的全国留学考试，在抗战八年期间停办了，这是战后恢复的第一次。为了照顾八年来积压的学员，除了一般官费、自费留学外，还特设了青年从军官费留学。五月间我们一批同学联名要求退伍，去北平报考留学，获孙批准，于六月间我们十几个人一起去北平。借住在一个中学里复习功课，七月二十日开始考试，考了三天。这时西南联大尚未迁回。清华大学外语系教授陈福田先生回到北平，开办了一个服务社。他派一个工作人员领着我们一批同学在北平游览了几天名胜古迹。八月初，忽接孙立人来电，要我们立即回沈阳。到沈阳见孙，才知道要我们去鞍山办东北清华中学，由我任教务主任兼代理校长。关品枢（清华外语系同学，第一次缅战时从军）任事务主任。当时退伍后还一时找不到工作，所以一批从军当翻译的联大同学张世斌、戴祖德、王德硕、周明道等便一起来到鞍山筹建东北清华中学。

原来六月初新一军进驻鞍山时，军部驻在日本留下的一所中学里，孙见这所学校校舍很好，图书馆、动植物标本、室内外运动场都很齐全，就想利用这个校址，像内地贵阳、重庆、成都、长沙等地清华校友那样开办一所清华中学。孙历来重视培养教育青年的工作。远在税警总团（新三十八师前身）时期，就在驻地贵州省都匀开办了子弟小学、中学和教导队。这次创办东北清华中学，据后来贾幼慧（清华一九二五级校友，留学在斯坦福大学学历史，后入诺威治陆军大学学炮兵，回国后一直辅助孙工作，当时任新一军副军长，后来也是东北清华中学董事）告诉我，他们当时还有另一层意识，即将来复员退伍，他们二人就到这里从事教育工作。鞍山有如美国的匹兹堡，将来必定会发展成为钢铁中心，需要大量建设人才。这个学校也要发展成为如 MIT（美国麻省理工大学）那样的大学。因此一开始就向当地市政府要了一大片校址，派了一个工兵排，让我参加共同测绘了校园平面图。向省、市政府报请备案，并由那个工兵排暂时看守那些房产和设备。待当时的省政府批准后，打电报从北平把我们找回来。我们到鞍山后，那个工兵排才撤走，另由军里派了几名退伍的伤兵来学校充当校警，看管校舍。

为了筹办这所学校，专门成立了一个校董会。孙任董事长，贾幼慧、夏彦儒、谭广德（清华一九二五级校友，留美学经济，当时在军中任英文秘书，后为董事会驻校代表）、高惜冰（清华一九二三级校友，留美学纺织，岫岩县人，当时是安东省政府主席）、李惟果（清华 ×× 级校友，留美学 ××，当时是中央宣传部副部长）、何永佶（清华 ×× 级校友，留美学政治，当时在军里任高参，编写英文《印缅战史》）任董事。用董事会的名义在东北，并通过北平、上海、美国等地清华同学为学校募捐基金。当时在东北的熊式辉、杜聿明等军政要员都曾捐赠了一笔钱。

八月间，我还去北平登报招聘了杨德新等六位刚从昆明北还的联大文理毕业同学来校任教。经过三个月的紧张筹备，学校于一九四六年十月十二日正式开学。师生共五百人。孙立人到校参加开学典礼，在讲演词中谈了清华的历史沿革和办学的宗旨，宣布“礼健智诚”四字作为校训，并逐字予以简要的解释，会后即返长春。

这年冬天（一九四七年一月初），孙立人从长春到沈阳开会，顺便到鞍山来看了学校一次，没有和全体师生见面，只是了解些情况，到各处走走看看。

这以后，孙再未来过鞍山，一九四八年二月鞍山解放，我和学校的一些老师们参加了革命工作。今天，我作为东北清华中学的承办人，作为清华的校友，谨以此文回忆并资悼念孙立人董事长。

（王伯惠，原为辽宁省交通厅高级工程师、清华大学沈阳校友会副会长）

国格与人格

李纯明

忆民国三十一年缅战时，英、美盟军大败，孙立人将军奉命掩护盟军向印度撤退，这种殿后小部队，大都会被牺牲而使大部队安全退出战场。孙将军指挥新三十八师，在孤立无援无补给情况下，被日军强势空军及机械化追击，使步兵第一一三团部刘放吾在清德温江与师部失去联络、无法渡江，从这些情况可概见战斗激烈，随时有被日军歼灭的恶运；可是孙将军以超人才能完成使命，全师退至印度边境的英法尔，那儿有英军第一军驻守。

当时已知中国远征军副总司令已带宪兵营到达，中国友军四百余人到达后被缴械，英军十万大军中约一万三千多人伤亡，无一完整班排撤退至印度。英第一军军长意欲将孙将军依例缴械，其参谋长曰：你这一军不一定能把三十八师缴械。军长不信，不顾大雨驾车前往视察，看到行军中部队装备完整，一班一排列队前进，始叹息英军七八万人失踪，退回万余人无一完整班，且士兵中将枪挑着皮鞋，或仅徒手回来者甚众，因野人山无吃无喝，部队都散了。下面是孙将军与英第一军军长面谈摘要。

孙将军以对上级行礼立正聆训时，军长问话：

问：你的部队到此后，必须补给，请替我阻止日军进入印度，我供你补给。

答：同盟军有租借法案，你的补给我国会还你，我是中国军队，中国政府要我做什么，我会遵命，你无权指挥我。

问：我们英国部队都驻营房，现在只有难民收容所可驻。

答：你的部队能驻，我也能驻，民房前半段是晒谷用，现尚未收稻，我就驻那里，如果老百姓丢根稻草，我赔他根金条。

军长说下次再谈，他飞往新德里向总督报告，适史迪威在座，插嘴说：新三十八师在仁安羌救过你们皇家军第一师七千多人，你还有什么考虑。以后美国提出在中国废除不平等条约，第一个征求英国同意，英国也要考虑，美国也用仁安羌事迫使英国签字。

我们在蓝姆迦整训中，英军防地被日军突破，情势危急，请求孙将军支援，步兵第一一四团驰往增援，英军谓“这点部队有什么用”，可是该部除将日军击退外，日军以野人山无给养而退出。这就是友军有相互支持之义。我只能说不辱国格、表现人格，孙将军这些小事所表现给我们的，何以致之，因何致之，各位心中自有分晓。错误之处并请赐教。更望知晓我军能以一当十、百战百胜，以做国家建军御侮之参考，以慰孙将军在天之灵。

花生米与香烟

骆　耕

孙老总是不是喜欢吃花生米，我们不能确定。但亲口向我们推荐吃花生米代替吸香烟，倒是有这回事的。

民国三十一年的下半年，蓝姆迦训练营，驻印军的给养是有香烟这一项。当时的给养香烟是一种WOODBINE牌的英国烟，十支装硬盒，盒子装潢设计还不错，烟质嘛，似乎就差了些。

我们是不属于“烟枪”一类的人，没有吸烟的习惯，但既有免费的香烟，也不理香烟是好是坏，就人手一支，吞云吐雾一番了。我们是师司令部的成员，与总司令朝夕与共，当然孙老总是看在眼里的。

我们是从昆明飞越驼峰来到印度的。在印度东北境的阿萨密茶园里的丁江机场下了机，即刻就换掉了国内穿着来的土军服，穿上了英式卡其军便服。钢盔、枪、胶鞋等是到了蓝姆迦才派发的，皮鞋更是在后期才发。服装都整齐了，就开始上操，接受陆军步兵基本训练。同时，也开始举行总理纪念周的仪式。

蓝姆迦是训练营地，各部队要接受不同兵种的训练，营地分得很散，不容易集中全部的官兵同时举行总理纪念周的仪式，就只有各自进行了。师司令部是与特务连一块举行总理纪念周的。

在民国三十一年十一月上旬的一次总理纪念周的集会上，那时孙老总还是我们新编第三十八师中将师长，训诫我们少吸，甚至不要吸烟，或者拿花生米来代替香烟吃。要想吸烟时，抓几粒放在嘴里慢慢咀嚼，滋味无穷，且亦营养丰富。

这是半个世纪以前的事了，那时还没有癌症，也不知道吸烟致癌之说，更加没有“吸烟危害健康”等口号。也就在那个时候，孙老总叫我们不要吸烟。

我们没有留意驻印军是在什么时候停派给养香烟的，似乎是在民国三十二年一月间，当我国的外交部长宋子文先生来蓝姆迦视察以后就没有派发了。

（骆耕，原任新编第三十八师司令部上尉摄影官）

孙老总与史迪威将军

曾子杰

纪念我们的老总孙立人将军，可写的东西很多，但我印象最深的，是在乔家我新三十八师战斗指挥所时，史迪威总指挥来访的一幕。

在我新三十八师攻克了于邦及大龙河一带日军据点，完成了反攻缅甸、胡康河谷的第一期战争，并正向日敌在泰伯家的据点推进之际，此时，史迪威总指挥来到乔家我师战斗指挥所。

乔家坐落在大龙河的东岸，这里没有村舍，也没有人烟，可以说乔家仅是地理上的一个名称。河的对岸就是于邦，于邦曾经是我师与日敌发生过激烈战斗的战场。就在于邦战场，我新三十八师痛创了日敌第十八师团，击溃了它的第五十五及第五十六两个联队。日军第十八师团，是一支闻名的、能征惯战的、久历沙场并且是一支“森林战斗の五”的部队。[①]一本服部卓四郎著的《大东亚战争全史》（Ⅲ）一五五页有如

① 引自日本防卫厅战史室编纂的《大本营陆军部》中文摘译本：《日本军国主义侵华资料长篇》（中），四川人民出版社，二七五页。

下的记载："与敌军交战后，始判明该敌为中国军第三十八师有力部队，与第十八师团屡在大陆交战之中国军，质素完全不同，乃大吃一惊。"（台北军事译粹社版）

那时，缅北地区正是干旱季节，雨季时遍地积水的河川也干燥了，大龙河的水位也降低了许多，河中露出了沙渚及河岸边一大片沙滩。中印公路要从这跨越过去，准备在这个渡口架设桥梁。筑路的美军工兵团此时正在修建新平洋至于邦的一段通路，还没赶得及修建上来，于邦渡口仅只架设了简陋的、供部队及驮马渡河的浮桥。史迪威总指挥就是在于邦停下他的吉普车，从浮桥上徒步走过来的。

泰伯家是在我们的正面几英里处大奈河北岸，是反攻缅甸胡康河谷第二期战争的目标。史迪威将军要在这里设立他的北战区司令部、建造机场，SOS 也要在这里设立他们的军需供应总部。修筑中印公路的总监督皮克将军答允，在我军拿下了泰伯家二十天之内，把中印公路建造到这里。

是时，我师右翼的攻击部队一一四团，从大龙河的下游，近太奈河汇流处的康通渡了河，越孟羊河，直趋泰伯家日敌的侧背。我师左翼攻击部队一一三团，披荆斩棘，在茂密的原始森林中间开道前进，向泰伯家日敌压迫。师战斗指挥所设在乔家一小片林中空地，沙包覆盖着的掩体就是师长室，是他的卧房，也是他的作战指挥中心。史迪威总指挥一到乔家，师长的副

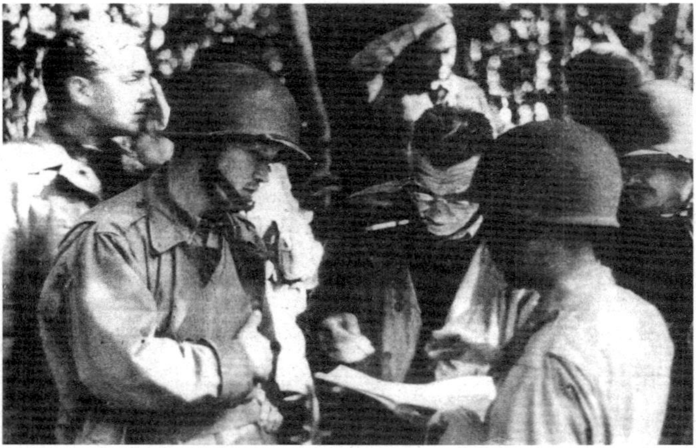

孙立人（左）与史迪威（中）李鸿（右）三将军在战地策划攻击

官就急急忙忙地进入掩体内，给师长报告了。但是没有动静，师长没有出来迎接他的上司——史迪威总指挥，副官报告说是他正在指挥部队作战。

史迪威将军当时不仅是中国驻印军总指挥，亦是东南亚盟军总司令、副总司令，中国战区蒋委员长的参谋长，中、印、缅、美军总司令，美国援华物资总监督。而我们的老总孙立人将军，则是中国驻印军新编第一军副军长，兼新编第三十八师中将师长。

时间一分一秒地过去了，副官也断续的进出师长的掩体，但他仍然没有出来，也没有请史迪威总指挥进去他的掩体。史迪威将军只好独自枯坐在掩体旁的简陋竹凳上等候。

史迪威总指挥仍然是那副平时我们看惯了的打扮，

头顶戴着他那顶只有他独有的、第一次世界大战时的宽边硬呢军帽，帽檐儿垂着两条金色丝穗，手握着卡宾枪，身穿普通卡其军服，没有军衔，也没有佩戴勋绶。

没有人知道这两位将军究竟发生了一些什么事，或者他们在做一场耐力比赛吧。结果是史迪威总指挥胜了这场比赛，在他从中午时分到乔家起，枯候了四个多小时，到太阳快要下山的时候，我们的师长终于走出他的掩体，走向史迪威总指挥，行了一个军礼，并趋前握手，领着史迪威总指挥走进了他的掩体。

不知道孙老总可曾有把这段历史记下来，或者让我来补充这一段事迹。

四十七年多了，确实的日期怎么也想不起了，我想该是在民国三十三年一月下旬的某一天是不会错的。

一九九一年六月九日

（曾子杰，原任新三十八师中尉军邮检查官）

当代管鲍　儒将风范

——记孙立人将军与齐学启将军生死不渝的友情

曹　涛

一九九〇年一月十日,《长沙晚报》刊载了一则消息:

一月七日，省市有关负责同志和齐学启将军亲属及生前友好六十余人来到岳麓山齐学启将军墓地，举行墓园修复竣工典礼，凭吊、纪念这位抗日爱国将领。齐学启将军是我市宁乡人，抗日时率部参加“一·二八”、“八一三”战役，屡建奇功，后率部入缅痛歼敌寇。在掩护部队转移中，身负重伤，不幸被俘，宁死不屈，于一九四五年三月十三日，壮烈殉国。抗战胜利后，齐将军遗骨还回长沙，安葬于岳麓山。

这则简短的报道，虽然表达了对一位抗日爱国将领的崇敬与缅怀的感情，但语焉不详，忽略了一个极为重要的细节，即这次齐将军墓园的修复是谁提出的？又是谁捐资修复的？要弄清其中就里，自然就得提到这位与齐将军情同手足、亲逾骨肉的孙立人将军。因为相隔四十多年先后两次墓园的修建，都是孙将军亲自筹划、一手操办的。

齐学启将军的遗骸，缅甸爱国华侨冒着生命危险，从战俘营偷运出来，就近埋葬于仰光郊外。第二次世界大战结束，孙立人将军尽管公务匆促、重任在身，仍然亲自过问这件事。在盟军远东总司令史迪威将军的支持下，由英军十四军团长史立姆将军派专机空运回国，以隆重仪式，安葬于长沙岳麓山。齐学启将军军衔由少将晋升为中将。殉葬之际，各界人士赠送的挽联、花圈云集岳麓山畔，表现了民众对一位为国捐躯的爱国将领的无限哀思与崇敬的感情，其中感人最深的是孙立人将军手书的一副挽联。

九载同窗，同笔砚，同起居，情逾手足，彪勋震异域，威名撼寰宇，君酬壮志，功垂青史，湘水湘云存浩气。

十年共事，共生死，共患难，倚若股肱，杀身惊天地，成仁泣鬼神，我迎忠骸，泪洒红叶，秋风秋雨悼忠魂。

四十多年过去，岁月的风风雨雨侵蚀与磨平了原来的墓园，但并没有磨去海峡另一岸的一位老人的回忆与思念。孙立人将军的冤案平反并恢复名誉之后，百废待兴，要做的事许许多多，但孙将军立即派人回大陆，存问齐氏遗属，查询墓园状况。当他得知墓园因年久失修，几至湮没时，悲恸异常，旋即筹资六千美元，委托旧部刘立忠、袁克立两先生携款赴湘，与湖南省有关部门洽商重建墓园事宜。墓园修复历时三个月，于一九八九年十月完工。一九九〇年一月举行竣工典礼，一如《长沙晚报》所载。

何以将近半个世纪的风雨，竟然没有冲洗掉往昔结下的友情？何以一座千里孤坟，竟如此牵动着一位耄耋老人的梦魂？何以高山、大海、岁月、囚禁、死生这一切都不能割断这兄弟加袍泽相思想念的情怀？要理解这段当代的管鲍之交，还得从孙立人将军手书的挽联里“几载”“十年”之中去寻觅。

孙将军与齐将军是总角之交。他们十二三岁就远离故乡负笈求学于北平，就读于清华中学，毕业后以优异成绩升入著名学府——清华大学，所学的专业都是理工科，“九载同窗”指就是那段历史。大学毕业，他们又一起通过了公费留美考试。二十世纪的二三十年代，中国青年能有如此辉煌的学历，展现在他们前面的锦绣前程，径直通向人生的最高殿堂。但两位将军到美之后，经过短暂的周折，竟出人意料地双双投笔从戎。孙将军进了素有“南方西点”之称的弗吉尼亚军事学院，齐将军进了诺维琪骑兵学院。当兵，包括当军官，在中国历来的传统里，只是粗人武夫干的事。但他们一反传统的旧观念，以戎马生涯为光荣，以杀敌救国为己任。两位将军认识到，富国与强兵，强兵才是根本。国再富无强兵的保护与捍卫，最后也只能“我为鱼肉，人为刀俎”，而任人宰割。为了民族、为了国家，他们毅然改写了自己的人生历史。

两位将军留美期间，家中还传说着一则小小的轶事。一个假日，两个挚友相聚于某一市镇，漫步街头，细诉别情，突然遇见一烂醉水手，拦截一孤身少女，意欲施暴，少女呼救，两人见状当即上前劝阻。水手自恃身强力壮，毫不将两位中国青年看在眼里，口出秽言挥拳相向。哪知两位将军当时都是军校高材生，拳击、格斗自是本行，只上前一人，三拳两拳就将水手打翻在地，给少女解了围，那水手倒颇有“费厄泼赖”精神，挨了顿揍，反倒伸出大拇指，对他们的好拳法表示佩服。

孙、齐二人学成之后，结伴回国，顺理成章地进了军界供职。这两位学贯中西、能文能武的将军，在抗日战争前期，与日寇较量周旋中，只小试锋芒，就打退了日寇狂妄嚣张气焰。一九三二年，齐学启将军在“一·二八”淞沪战役中任宪兵第六团团长，受命协同第十九路军与日寇作战。齐将军以两营兵力驻防南市，亲率一个营绕道奔袭闸北之日寇，一举夺回闸北火车站，因而扬名中外。孙立人将军则参与了“八一三”淞沪会战。孙将军当时任税警总团第四团团长，驻防苏州河一带，在日寇机械化部队强大攻势前，孙将军凭借着自己工程技术方面的学识与勇敢、睿深的军事智慧，一次又一次破坏日寇的橡皮桥，连续击退日寇七次强渡。最后在敌众我寡的形势下，孙将军亲自率部冲锋，身负重伤，其功厥伟。孙、齐两将军先后参加了淞沪战役，都以孤军取胜驰名遐迩，但结果是齐将军受人排挤，队伍被吃，成了编余军官，一气之下，受聘浙江大学，当教授去了。孙将军伤愈之后，也找不到原来部队，队伍也同样被吃。这两位将军的遭际与表现，不能不为清华学人优异的品格而赞美，也不能不为中国历史而叹息。

一九三八年，孙立人将军奉命在长沙成立缉私总队，任中将总队长，适逢齐学启将军因母病返回湖南老家探病省亲，两位老同学、老战友相逢于长沙街上，于是齐学启将军自然而然成了孙立人将军的“俘虏”，再度穿上戎装，担任了缉私总队少将衔参谋长。两个清华人再度相聚，开始远征前的都匀练兵。三年的训练，一支崭新的队伍诞生了。

一九四一年秋，部队恢复了税警总团的旧称。一九四二年春，税警总团改编为新三十八师，孙立人将军任师长，齐学启将军任副师长兼政治部主任，隶属第十一集团军第六十六军，旋即奉命远征入缅。

新三十八师入缅之后，立即打响了仁安羌战役。新三十八师在敌众我寡的情况下，仅以一个团的兵力，击败十倍于我的日寇，救出十倍于我的英军，既表现了中国军人勇猛作战的精神，又开创了世界军事史的新奇迹。仁安羌大捷，中外震动，是盟军在第一次缅战中唯一的大胜仗，扬我中华国威于异域。为此战役，英国授孙立人将军以英帝国司令勋章，美国也为此授孙将军以丰功勋章。以孙将军的睿智神勇，获此荣誉自然当之无愧；但也不可否认，率部亲临指挥战斗的齐学启将军同样功不可没。所不幸的，授勋之际，齐将军身陷囹圄，被囚于仰光战俘营，无法领受这份荣誉。仁安羌大捷后，齐学启将军又指挥了卡萨战役，有效地击退日寇强大渡江攻势，赢得时间，掩护了盟军与友军的后撤。任务完成，部队迅速转入大山，向印度转进。齐将军在转移前一天，接孙将军电话，嘱于次日在指定地点候车返回师部。齐将军得通知后，立即对所部刘团长将未来行动详加指示，便乘车赶至曼西第五军，向杜聿明军长报告，打算得到批准后，找车赶往指定地点。但第五军正准备转进，无法派车，因而延误了约定时间。齐学启将军得知，新三十八师尚有部分伤员在第五军野战医院诊治，放心不下，又亲自去病房探视。负伤官兵已听到消息，转进过程无任何车辆运载伤员，轻伤、重伤全得靠自己双腿行走，正惶惶不安时，陡见齐副师长来到，不禁悲喜交集，异口同声要求跟随副师长行动。齐将军见到从战多年袍泽的凄苦状况，眼泪夺眶而出，慨然允诺所请，对征途之艰苦、对个人之安危，完全置之度外，在兵荒马乱之际，带领二三十伤病员向山林中觅路西进，追寻师部。一支正常部队，遇此情况尚难支持，何况组成人员均为伤病员。所以这支小小队伍，途中所遭际的困苦，实非笔墨所能形容。一九四二年五月十九日，齐将军率领着满载伤病袍泽的竹筏顺流而下，时遭到日寇骑兵狙击，齐将军率众奋勇应战，身中四弹，失去知觉，不幸被俘。

齐将军失去踪迹后，孙将军坐卧不安，多次派出谍报人员四处探寻，但毫无消息。直至部队在蓝姆伽整训，由英方医院转来一名士兵，他是当时追随齐将军行动而唯一脱险者，这才得到齐将军那一段令人感泣的经过。

日寇从齐将军所佩之符号，知道他是将官，就为他裹伤抢救。齐将军苏醒后，发觉身陷敌营，拒绝换药进食，以求速死。日寇无奈，又将齐将军押送荷马林旅团部，齐将军大义凛然，厉声斥责敌酋，并说“中国军人可杀不可辱，速毙我，勿多言”，猛夺刺刀自戕。敌酋左右慌忙夺下佩刀。旅团长见状，下座表示敬意，多方劝降，均遭将军怒斥。日寇无计可施，遂将齐将军押送仰光战俘营。其时汪伪政府急欲罗致国军高级将领组织伪军，伪军事委员会派叶蓬等一行赴仰光，威逼利诱，自然遭到齐将军之严厉斥责。伪方最后仅求齐将军赴南京一行，即可释放，但均为齐将军峻辞拒绝。三年囚禁，数度迁易囚所。战俘所居，系自建之军棚，劳动强度之大，饮食之不足与粗粝，无端殴打凌辱之痛苦，齐将军怡然处之，大有文天祥的“当其贯日月，生死安足论”的气概。齐将军常在夜间，除了为同囚者讲授数理课程外，还以中文、英文向难友晓谕中国抗战必胜、世界反法西斯必胜的道理。同囚数百盟军，莫不为之动容，以当世贤哲敬之。甚至连日寇也凛其气节，不敢坚持迫降。有国军第五军被俘名张吉祥者，曾经协助日寇劝降，当日寇败象已露，胜利在望前夕，张某唯恐将军将来归国，会揭穿其卖国行径，乃于一九四五年三月九日夜，乘齐将军如厕时，以暗藏之剪刀猛刺将军腰腹，后虽有同囚英军医官为之诊治，但因日寇多方阻挠，终因伤口发炎逝世。当齐将军弥留之际，环跪在军棚外同声痛泣之中外盟友百余人。齐将军时年四十有四，一代英魂终与文文山、史可法同享中华民族的俎豆千秋。

齐将军未死于日寇之手、未死于汪伪之手，而死于国军中被俘者之手；未死于敌酋之虐杀，而死于国人之暗害，令人可叹可恨！“慷慨成仁易，从容就义难”，《缅甸荡寇志》有一段对齐学启将军之死的评价，透辟有力，分析允当，不忍删节，全文照录于下，以期再飨读者。

古今忠义之士，抛头颅，洒热血，或是马革裹尸，或者是疆场暴骨，但他们反不如未死的苏武和未断头的颜严出名，原因就在慷慨成仁和从容就义间的难易不同。忽然间的死去，那是很容易的一件事。假如在死之前，给你多多考虑，一边是痛苦的死、一边是享乐的生，一边是刀锯鼎镬、一边是高官厚禄，而你不为所动，为了义你乐于去死。这就是孟子所谓的“舍生取义”，他和慷慨成仁完全不同。有了忠勇的怀抱，就可去慷慨成仁。至于舍生取义的人，他除了具有忠勇怀抱的条件之外，更须要有坚定的信仰、冰雪的节操，然后才能见危授命。宋文天祥兵败被掳，被囚三年，矢志不移，骂贼被杀，是我国孤忠节烈的巨擘。齐将军际遇之苦、殉难之烈，足和文山先生媲美而毫无愧色。他从三月八日被刺到十三日伤重逝世，这中间还有六天的时光给他考虑，只要他肯向敌伪点一点头，敌人马上会将他创伤治好，另眼去看待他。他当时被刺的地方，也并不是致命的要害，狱中有一位英国上校医官曾经想尽种种方法，找来一些药品，想替齐将军医治，但是被敌兵制止了。后来因为天热，伤口发炎溃烂才渐渐的沉重以至于死。这种从容就义，真是精忠贯日、气节凌霜，不能只以一般的忠臣义士的死节来作比拟。无怪乎他在狱三年，做了盟友们黑暗时期光明与鼓励的源泉！精诚所至感动友邦。我们可以说，齐将军的肚腹，比张睢阳的牙齿、颜常山的舌头，更足以表现出中华民族的正气所在！

一位在战俘营被救出的英国战俘曾说过：齐将军在解放前夜被谋杀了，这是最惨不过的事情，但我可以向你们保证，齐将军将永存在我们心里，他是我们在黑暗的日子里的一盏明灯，是我们最伟大的友人。

据三十八师的旧人回忆，齐将军治军温厚宜人，与孙将军的严肃刚毅相辅相济，三十八师的袍泽对他们有严父慈母之称。最足以令人敬佩者，齐将军刻苦自励、酷爱读书，治军之外，总是手不释卷，教育部下，不仅循循善诱，而且引经据典，使人心服口服，真正做到了学贯中西、文武并进。正因如此，所以才能沉潜于仁义之中，从容于疆场之上。

齐将军之死，无疑对孙将军是一个沉重的打击。从齐将军失踪之日起，到得知齐将军壮烈殉国时止，孙将军无日无时不萦怀于心，焦虑万分。惊闻噩耗，更是痛不欲生。这不光是在事业上有折肱之痛，令人伤感的是孙将军还失去了一位人生旅途中极其难得的知己。这悲痛之情，已不受时间、空间的限制，久久地伴随着孙将军。事隔四十多年后，一九八九年八月，孙将军为齐将军的墓园重建所写的一篇《墓园志》就是最好的证明。为了认识齐学启将军一生伟大的品格，为了了解孙、齐两将军真挚的友谊，为了颂赞孙立人将军纯洁、无私、高尚的情怀，现将《墓园志》全文抄录如下：

重修齐学启将军墓园志

中华民国三十四年三月八日，陆军少将前新三十八师副师长齐公学启被刺于缅甸仰光之日军战俘营。是月十三日以伤重逝世。公之死去缅境之解放曾不数旬，距盟军之全面胜利亦只五月，公虽知日寇之必亡，而已不及见矣。溯自日寇入侵，生灵涂炭，民国三十一年我新三十八师奉调入缅，与盟军并肩作战。四月十八日我以一团之众击清十倍之敌于仁安羌，解英军七千余人之围。是役也，中外震动，而公临阵之绩实伟。方当乘胜追击，而盟军之战略遽变，公乃率部殿后，掩护友军转进。及任务完成，复报命于第五军指挥部。归途遇伤病袍泽，不忍弃去。敌骑大至，众寡悬殊，创重援绝，遂被俘焉。公之羁于仰光中央监狱也凡三年，三年中敌伪劝降无所不用其极。公心坚金石，不屈不挠，狱中同志及英美受难战友数百人，皆钦佩动容，尊之为精神领袖，视之为光明象征，故卒以此见害于敌。世之人或以公之在仰光狱与文天祥之在燕京狱相提并论，其浩然之气与夫所以塞苍冥立人极者，固无有异也。公之灵榇归葬故里，余曾亲为执绋并为挽辞以述哀。公之葬地在岳麓之阳，与黄公克强、蔡公松坡两先烈隔垅相望，湖湘人杰，后先接武，可谓不忝者矣。公墓道废圮。志表无存，当日袍泽决议重修，所以怀旧德彰忠尽也。以余为知公者，嘱为数言以纪其事。余闻之：朋友之墓有宿草而不哭焉，余则过时而悲。呜呼！死生陵谷，公与诸公俱往矣，神骑箕尾，名在日月，故将与麓山湘水同乎不朽，而余以老耄犹能执笔为文，有深幸焉，而亦不能不有深恸也。

公元一九八九年八月吉日

舒城 孙立人敬撰并书[①]

---

① 孙将军原稿，文不分段，没有标点（标点是笔者所加），逢“公”字皆上空一格。

古人云，一生一死，乃见交情；一死一生，交情乃见。生与死是友谊的试金石，这两位将军的友谊，已超越了生与死的界线。这种生死不渝的人类最珍贵的感情，足以为后人的楷模，《墓园志》本身又是一篇难得的传世佳作，文字质朴，情感至真，行文清晰而不芜杂，劲道而不伤感。是当代传记文学里的至文瑰宝。

附录：孙将军致齐学启将军子女函

無畏
天仇世姪如面：前後
來書均已收到。令尊與立人情同手足，不幸為
國捐軀，雖已名垂青史，而死生交誼，卅餘年
未嘗暫去於心。今者墓道重新，或者可以稍慰
在天之靈，惜乎衰邁，未能親臨一拜為憾然
耳。且喜
姪等均已成立，家庭雍睦，繼起多賢，實老人
之所樂聞也。照片相繡等件已領，并謝。專此順候
春祺　孫立人 啟　九、二、廿、

立人用牋

记一只箱子

黄碧端

先翁和孙将军是清华的同学，在校时少年意气相投，曾一起组队打篮球，且结拜为兄弟。先翁来台之初因此曾在孙府小住，有一只大皮箱当时便留在孙宅。其后不数年，孙将军被黜，形同幽囚。三十几年间事实上整个世界都失去了他的讯息。这只留置孙宅的箱子，先翁自己都可能忘了，先翁过世后，晚辈更无一人知道。一九八八年的春天，忽然亲友辗转传话，说孙立人将军有电话，希望我们去取回一只先人的箱子，了却他一桩心事。外子和我因此在那年暑假驱车台中，按图找到向上路孙府。

当时为孙将军平反之声已渐起，这也许是他开始较能和外界联络的原因。我们到时，应门的人（据后来将军告诉我们，也是刚由保全人员取代了治安人员的）进去通报，我们在院落里等着。我想起水晶写张爱玲，说见到张爱玲，“诸天都会起震动”。手无寸铁的张爱玲使诸天震动，曾经统率大军屡建奇功的孙将军出现时，“诸天”又当如何呢？我在等候的那一两分钟里，心情是好奇，也不无一种伴同期待而来的忐忑。

然后孙将军从庭院一端的小径走过来了。不，我当时并不能确定是不是他，因为以一位年近九十的人来说，他是极挺拔而步履安稳的。然而，是孙将军，远远地带着微笑走来，诸天并没有起震动。孙将军仿佛完全忘了自己的彪炳功业，我们看到的只是一位极度清雅而祥和的老人。他穿着格子衬衣、米色长裤，脚上穿双跑鞋，是非常轻便而年轻的打扮，他的脸色红润，几乎没有什么皱纹。在随后的两三个钟头里，我发现我早先注意到的微笑，其实是他面容的一部分—— 一个你也许期待他不怒而威的将军，结果竟是不笑时也永远有一种和悦如微笑的神情。

孙将军仍有极好的记忆。先翁少年的事情，小辈们都不甚了了，将军谈来则仍历历在目。他提到同期几位一起打球的朋友后来结拜为兄弟，先翁长数月，是老大，将军居次。那一届的清华同窗人才济济，闻一多、梁实秋都是。当时清华是留美的预校，这些人后来也就同时赴美，但各进了不同的领域。

孙先生住的是日式宅院，屋里放着唱机，他说年纪大了，看东西吃力，日常还是听听音乐的多。屋角的一只凳子是象腿做的，我笑问是不是将军从缅甸或印度打来的，他说是啊，本来是一对。另一只我竟不记得他说下落如何了。他又领着我们看了屋里各处，有一个小神龛，他说是太太拜佛用的，说着转头问我

们 :“你们信不信教? ”我们回说都没有宗教信仰，他于是放心说 :“我也没有，我只信这里——”他说时把右手贴在左胸上。

走过一大柜书时，孙将军停下来说 :“这些书是当年撤退时一路运来的，我正考虑捐给‘清华大学’，那是我的母校么，但不知他们能不能安顿一个好地方，这些都是善本，随便放着，坏了可惜了。”——那柜里都是宋、明版的线装书，渡海来台时将军正当叱咤风云的盛年，但是，持剑的将军并没有忘了书，我一直听说孙将军中、英文根底都极好，从他对那柜书的牵挂，也许可以看出性情的一斑。

当然，谈话并没有触碰到“孙案”，外子只试探地问 :“这些年，心情一定很受影响吧? ”将军看了我们一晌，淡淡地说 :“历史一定会还我公道的。”我并不知道他是宁愿这样相信，还是真对历史的公正有这么大的信心。他显然正急切地要在余日中把惦记的事情一一清理好，包括那一柜想捐给清华的书和那一只要我们来取的箱子 ; 对于事关他一生荣辱的兵变案件，当然不是我们一次晤面浅谈所能观察到的。历史也许会使真相更贴近真相，但历史却也可能使是非判别的角度扭转。孙将军极在意自己的清白，我却忍不住要生出一点淘气的想法来 : 历史会不会虽然证明了孙将军的清白，却又显示使他为了清白而做的伦理坚持并没有绝对的意义呢? 孙将军的悲剧无疑在这里，他为忠诚受疑而付出代价，在生命中其他的荣耀都被剥夺之际，他唯一在意的是要证明自己的忠诚。历史还报他的，会不会是类似岳武穆的史评，使他赢得了尊敬，但否定了他的忠诚的绝对意义？这问题，留给历史去回答吧。

孙府的后院种了不少花草蔬果，孙夫人指点给我们看各是些什么，显然花草多数是她在费心照顾。那只成为隔代缘会的引线的大箱子，就在后院的储藏间里，两位“保全”人员帮忙抬出来，箱子厚重，生锈的锁也无钥匙可开，先翁隶籍陕西，孙先生看着箱子开玩笑，说这箱子看来还是陕西牛皮做的呢！但我们却怀疑，这箱子没有任何名牌标记，蒙尘锈垢的程度，显示三四十年间没有人启动过，其间将军自己又经过天翻地覆的大变动，家当都是别人安置他时一并“移送”的，怎么证明是该我们取回的呢？但将军坚持，说：“我不会记错，这是陕西老牛皮做的箱子。”两名保安人员建议把它撬开看看，其中一个随即去拿了起子、槌子来——我想他们的好奇程度可能尤甚于我们——将军仍说不要不要，完整地带回去再处理。“你父亲怎么交给我，我就怎么交还你。”他对外子说。

我们于是一路带着这只“陕西老牛皮”的大箱子回到高雄，找锁匠剪断了锁。里头这样重，竟只是些寻常锅盘碗碟、已经发硬的衣物，还有一顶蚊帐。一直到找到一截先姑过世的挽联，才终于证明这只箱子果然是该我们领回的。这只箱子想来是先翁来台时匆促间胡乱填充就带着的，后来过孙府小住，发现里面并没有什么需用的东西，便留置下来没有带走，可能日后自己也完全忘了有这只箱子了。

然而，这只箱子，在孙将军心灵颠沛的岁月中跟着他谪迁，上面虽然没有任何标记，他却清楚地记得是谁的东西，而在九十高龄终于能够有限度地跟故人通音信的时候，他要箱归原主（即便是原主之子）。

我想起苏格拉底饮鸩前不忘向邻人借过的一只鸡，但是，才借的鸡容易记住，我不能理解的是，孙将军如何在三四十年间牢牢记住别人不经意留下的一只破箱子！

“自古美人如名将，不许人间见白头。”从前读到这样的句子，觉得孙立人将军特别适用，也许因为他彪炳的勋业和焕发的英雄形貌同时唤起我们对英雄和美人的两种珍惜之情。而英年被黜，使他意外地在老去的岁月里维持着英雄不老的形象，像济慈或雪莱，在生命焕发之际离场，或者像岳武穆，把壮志未酬的遗憾留给世界，从此再不老去。

因此，我不能不说，意外地有一个机会去看孙将军的时候，我固然有一种去看一个英雄的期待，我也因为终究要面对英雄白头而有一点不忍和遗憾。然而，原来老去的英雄仍可以极动人，这却是我先前所不曾想到的。告别时，孙将军殷殷送到门口，说：“下回你们来，也不必约定，我除了上医院检查以外，总是在家，你们有时间就来便是。”我们唯唯，却因路途遥远，且也知道九十高龄的人不一定经得起太多访客的搅扰，因此始终没有践履再访之约。随后不久，看到各界为孙将军祝九十大寿，盛况足可视为非官方的平反，将军重新出现在众人面前，也许百感交集，也许对历史的公正更增了信心，减低了憾恨吧。

然而我终也不敢说孙将军一定有怎么样的憾恨，有时想起见到他的情景，轮廓有点模糊了，仿佛成为表情的一部分的微笑却是极度鲜明，还有他以手按胸，说自己不信教，“只相信这里”的神情。许多英雄人物，在极度的失意时都以宗教力量来帮助自己渡过难关。在这一点上，人间最终的是非便是他所信仰的天国，当他说“历史一定会还我公道”时，他恐怕便是以一种宗教的虔诚在讲吧。

如其然，走进历史的孙将军也就无惧地走进属于他的国度了。

原载于一九九〇年十一月二十五日《联合报》副刊

本文摘自黄碧端《孙将军印象记》

为兵者孙立人

周良沛

与《海岸线》携手共同寻访中国远征军英雄足迹的香港警务处的十位先生，进入一九四二年中国远征军所远征的开发地昆明时，领队的总警司蔡建祥向为他们洗尘的云南同行介绍我说：

“这是当今为数不多的，会见过孙立人将军的周老……”

话音刚落，我已为之一震。一是转眼之间，孙将军去世竟快二十年了。二十世纪九十年代的第一个冬天我能见到他，真是一种“缘分”。因为在那之前的一个礼拜，他太太张晶英的兄弟想去看看，都为将军心情不好，被姐姐婉辞了。夫人张清扬是将军三十一岁从美国学成、赴欧军事考究归国后所结发，张清扬在婚后二十年都未生育，受传统礼教“不孝有三，无后为大”之痛，在当局从大陆败退到台湾，她自己随后不久也搬出孙家潜心念佛去了。与将军幽禁相伴三十三年，育有两男两女的张晶英，是一位很不一般的中国妇女，她对将军无微不至的照顾，在将军被幽禁的岁月，事无巨细的、方方面面的细致安排，都得力于她的操持。她有东方女性特有的贤惠、勤俭，要处理这样的丈夫在如此复杂、险恶处境下的家务，确实是位女中丈夫。她太了解丈夫心里的忧闷了，她也太疼自己这位血与火中堂堂的男子汉却在人家矮檐下过得这么憋气的丈夫，看他心情不好，除了陪他完成医生嘱咐所必要完成的健身项目，也只能独守在家，让他陪自己烧香念佛。亲兄弟要来，也得让他拣个好日子，等大家心情舒畅的时候再说。何况这也是个倒霉透顶的人家，任什么人进来都不那么方便，要是遇上什么不愉快的事，对人家不吉利，还得牵累人家心疚，只好一天天这么挨着过呗。

将军九十一了，又受了那么多的罪，眼前蒋家的蒋介石、蒋经国父子两代的王朝都呜呼了，压在头上的大山倒了，“解除党禁”之后，该是他申冤的日子。虽然，窗外沸沸扬扬的是公众、传媒一片为他讨公道、要申冤之声，可是门内仍是一片死寂，还是那个虽然地处台中市的中心地区，却是与世隔绝的禁地，是幽闭了他三十三年的死牢。至少是我到孙府的那天，仍不见他盼了三十三年、能够还他清白的一纸公文；受他牵连的旧部“恢复自由”之日却未“自由”，其中郭廷亮后来在“恢复自由”之日返回他妻儿仍在的中沥之家的途中，竟莫名又离奇地“摔出”火车外而神秘地死去；虽然传媒已大肆宣传“孙府的安全维护工作，已委‘保全公司’负责”，但是，至少是在我进孙府之日，门卫并非一般的保安人员，阴阳怪气的，一看就晓得，仍然是一群与情治部门有瓜葛的、非等闲之辈；我仅从十个月前的新闻图片，看旧部为他暖寿，随后各界欢庆他九十大寿时之笑容、之神采，和我所面见到他时的神态，确实今非昔比。人是老多了，是无法抵御的衰老，是等了三十三年已等得疲惫不堪，是自信他一贯教导手下弟兄相信天地有正气之信念，在此时却不敢再多想之绝望，是身心陷于种种他再也无力支撑下去的衰弱。

与他面对面地对坐，我说什么，我感到从他瘦弱得深凹了下去同时也显得大了些的眼睛之眨动，是他完全听懂了我所说的一切，至于他的回话，那只能看他蠕动的嘴唇，不仅听不清他说了什么，甚至听不见他蠕动的嘴唇发出了什么声音。在一旁，不仅为听不清他在说的什么干着急，涌上心头的，更为一个健康、

孙立人将军软禁时期，除信仰的坚持、清白的自信、日常的生活，也有赖于夫人张晶英居家之深情，支撑他度过重重磨难

伟岸的老爷儿们活活地被老蒋摧残成这个样子所心酸的痛楚，我不知道自己还有什么好说的，这就是眼前还未过去的白色恐怖，是多少年后的今天也消逝不了的阴影，是心头抹不去的一笔账。

二战后的光复之日，除了极少有“皇民”心结之人，大家只有回到祖国怀抱的欢欣，不想迎来“接收”的却是“劫收”的贪官污吏，殖民统治转为暴政的统治。就是爆发“二二八”民变之后，一九四七年九月二十五的《新台湾》声明：“全省人民一致起来的‘二二八’民变，已不是反抗异民族的斗争，亦不是企图独立的革命，而是完全反抗法西斯独裁的暴政，反抗封建官僚的贪污劫夺，反抗蒋军官兵的杀戮奸淫，反抗征兵、征粮、征捐支打内战——”彼时彼地，慢说无有“选择”之心的草民，就是效忠他的本土将军李友邦，人家好好的，非说他有病，一派“关心”地送进医院说要做“手术”，拉进手术室就把他干了。孙立人不是他黄埔的嫡系，这已是老蒋所无法容忍的，不想孙立人还一片愚“忠”，将美国对败退至岛上，腐败得不堪一击的老蒋看作扶不起来的阿斗，麦克阿瑟所告知他的美国想换掉老蒋的秘密，不想他也如实奉告老蒋，这不是自讨苦吃么。三十三年后，国民党还在执政，想以“恩”威并施，分别处理，用笔钱各个击破地把这笔旧账了了也就算了。李友邦夫人严秀峰就不要这个“臭钱”，并反问：

“从未有过‘反’，何‘平’之有？”

她非要当局公开内幕，将问题有个公开的交代。

人家还在台上，能抹下脸来如此吗？当年为能避开“孙案”都远走的孙立人旧部，此时也从各国各地往台中孙府赶，又是一桩“从未有过‘反’，何‘平’之有”的难题，叫那些要为“蒋公”擦屁股的后人，也不是那么容易擦得干净的。何况当局只是迫于形势，并非真想解决问题。而且，在这里只是讲我自己亲自接触过的两位公众人物的家庭，而遭白色恐怖伤害的及其后人，不是以万、十万可计的。那是永久的痛。陈水扁利用它推波助澜搞分裂，是千古罪人。但这次民进党胜选，并非别的，主要是执政的高官几乎无人不贪，弊案丛生，腐败得天怒人怨，不仅像当年他们搞“党外运动”所反对的国民党那样，还变本加厉的腐败。说至此，又得回到蒋家几十年高压、白色恐怖的统治了。这就得看，是想跟蒋家接棒的后人为此一道去擦屁股，还是跟这多受害者一道痛呢？此时，谁能跟谁“一笑泯恩仇”呢？若是他们之间无有在一起能“笑”的条件，一时也创造不了这种条件的，如此阔论，则是辛辣地讽刺了。何况，曾是日本殖民地的台湾，它今日省籍隔阂的问题，日本作家宫泽繁的《台湾终战秘史》已指出“帝国主义的侵略是主要原因”，“日本和日本人是使两者分裂的元凶”。帝国主义者除了对台湾的殖民统治必然要让被殖民者对祖国感情的撕裂，有资料证明，他们趁“二二八”之乱也插手其中，以不甘心退出他殖民的舞台。这和今日达赖集团在拉萨“打、砸、抢、烧”的暴力活动有相似的历史根源。北京新华社的通稿为此特别指出英国历史上两次对西藏的入侵，而且加上了“英帝国主义”的桂冠，让人大吃一惊。“帝国主义”本是一个中性的词汇，过去，“大英帝国”“日本帝国”，人家完全是用以自炫的。只是过去中国一直高举“反帝”的大旗，随之也予以了贬义。可一讲“开放”，它又被那些患有健忘症者为实用于眼前之利而遗忘了，久违之后重见，不免有些惊讶。历史形成的问题，不从历史根源着手，问题不会自行消失。“二二八”原本只是反“暴政”，不是“反抗异民族的斗争”之民变，事过多年之后，当局虽非蒋家那么血腥镇压，但也不愿切除传承于身的各种腐败之毒瘤，天长日久，毒瘤扩散于变体，更束手。这，无非此一政权的先行或后继都是欺压了受害者的那个Class（在某些官员“学者”借它的折腾下，确实不知该译成什么）的政治代表，总想马虎、敷衍过去。只为日后反对派提供了更具杀伤力的枪炮。台湾光复之日，除极个别的台奸，都有祖国认同感。“二二八”的民变还提出了反对内战的口号，显然是反对蒋介石对解放区的进攻，它不仅是种“祖国认同”的感情，同时明白无误地饱含着Class倾向。多年的“党外运动”，矛头之所向，坚定不移。但继位执政的，同样不会出来承担责任。人们由此长年积在心头、不泄不快的愤恨，当“台独”的要闹分裂也借它为其所需，正好将人们这股为此冲不过去、解决不了的，长期无从发泄的Class的怨愤之情借以歪曲、挑唆、扩大，误导为民族对峙而予以人们一泄为快所藏以的祸心。从李登辉身为国民党所转向的“台独”，到民进党八年的“台独”执政，他们利用公务资源为其服务，自然有其效益，是非也混淆到荒诞的地步。如民进党的“去蒋化”，本是大家眼明心亮的事，却被利用于“台独”，若反对，说你跟制造白色恐怖的暴政穿一条裤子；若支持了，必然为“台独”造势。他们以反白色恐怖为其闹“台独”的主牌，你反“台独”，他以此又将你列为白色恐怖的暴政之共谋，再拓展他“台独”的空间。老是以其无赖要夺去你的话语权。再如此次胜选的国民党，本是同一营垒的同志，为了权利的分配，也引爆了“台湾心”“中国情”的“省籍问题”。陷于此一泥沼，人的情结化无法不丧失理智，但也不会永远只留失去清醒的时刻，若只为利所驱，不是别有用心，只好永远糊涂。因此，孙立人的冤案，自是反暴政、反白色恐怖中的典型案例，相关的书没少出，那几集电视片，每隔个时段，少不了又拿出来播放，以其悲情为他们的分裂活动造势。伤天害理，令人痛心。孙将军原是汉族，也是外省人，一生是位民族主义者的英雄史，人家又确实借了许多类似孙案者为其所用，调动了岛上不是少数对白色恐怖更具情绪化的义愤，而荒诞地成其巩固“本土意识”的基本盘。

尽管当时我还想不到这些事情，可面前的老将军被摧残得惨不忍睹，就是他们的罪证，虽然我听不到他说些什么，他的无声，正是强力的控诉，雷霆万钧。

无声的默对，自身也似陷于白色恐怖所张开巨形之网而惶惶不安，是无有退路的恐怖。幸好，有他这位在民贼独夫淫威之下几十年生死相随、形影不离的夫人，他们，患难夫妻，“心有灵犀一点通”，是相依相存的两位一体。夫人从他嘴唇的蠕动已像懂哑语者读哑语一样，准确无误地读准了每一个字；不用读，不用猜，从她口里说出来的，就是他之所想、他之所说。有她如此的“翻译”，可确信无疑。正因为如此，将军心情不好，夫人没放行自己兄弟，却开门让我进来。我想，只能是我替他一位留在大陆的旧部捎了信来。过去，新一军的旧部受株连的，无以计数，目前，这是他最为关心的，从中可以为之感到安慰，并为他化解被隔世无助之孤独的族群。当我说完一段渡海至台的过程，他似乎失神地呆了一晌，突然猫下腰凑近过来，几乎贴着我耳朵说：

“共——军——还——会——打——过——来——么？”

这回我可把每个字都听得真真切切：洞中一日，世上千年；把人关“木”了，比关死了还残酷。我笑出声说：

“要是会打过来，我还能坐在你面前么？”

“打——老——了——不——行——林——彪——我——碰——过……”这一串断断续续的单字之音，虽然微弱到几乎听不出其声，但我却为这每个字音是被强挣出来的冲击波所冲击，我听明白了，且被深深的震撼。此时，他仍以过往“忠于党国”之心态，担忧台海之间硝烟再起，若战火重燃，他老了，也出不了力了。对“党国”之忠，天地可鉴。对此，年年月月，每当忆及，我都会陷于难以挣脱的酸痛。

当年，我在将军去世前几日写出他生前所会见的最后一位来访者的记事，刊出之日，正逢传媒记述或悼念将军去世之时，因而它也被全球华文报刊，包括北京《人民日报》海外版广泛转载或转摘。此文，我略去了这一细节，因为，当时我若将它写了进去，我自己都不知道此文怎么成篇。所以下笔，正是视将军为白色恐怖下幸存的活证，是有力的控诉。由它，也反证了中国人民革命的必然胜利，胜利的必然。海峡隔开的兄弟，什么时候、什么情况下都是兄弟。

民族大义，必然如此。孙将军出师、凯旋第二次世界大战缅北战场，盟军屡为受勋，当然是我们民族的英雄人物。然而，内战重开，他和林彪，在解放战争时期敌对的两个营垒中，绝对是棋逢对手的两员名将。二十世纪七十年代，林彪谋反叛逃死于温都尔汗之后，一度不再提他，新时期以历史唯物的精神，他又复出于新的共和国十大元帅的图像。给他出风头的，称其为“常胜将军”者，常以一九四六年、一九四七年他于辽沈战役的指挥当招牌。然而，当年五月，孙立人参加联合国参谋首长会议期间被三次电召回国，九天后回到部队，与林彪所部的七旅三师的主力较量，以两天时间迫使对方退出四平，三天之后又攻下长春、德惠，直到松花江边，兼任长春警备司令，其间，在

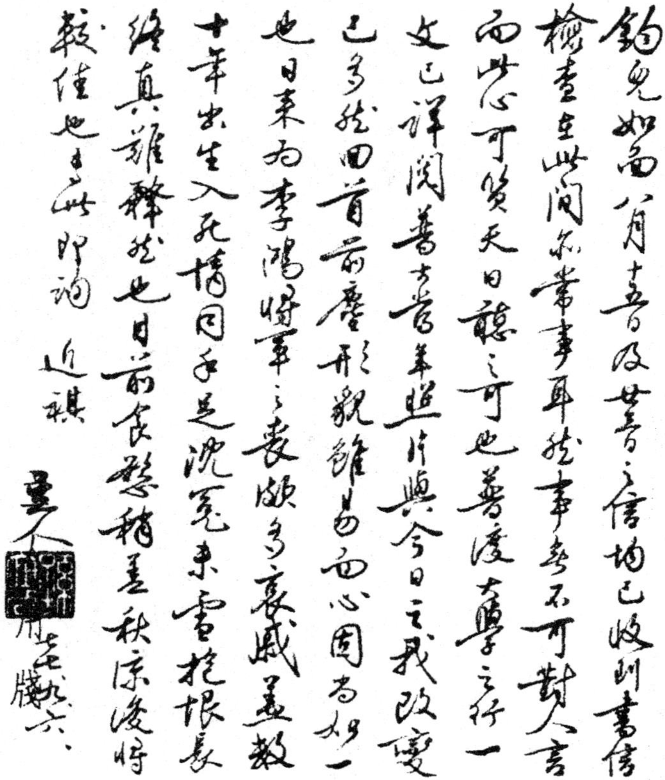

钧儿如面 八月十五日及廿五日之信均已收到 书信检查在此间系常事耳 然事无不可对人言 而此心可质天日 听之可也 善读大学之行一文已详阅 善哉善哉 笔迹与今日之我改变已多 然回首前尘 形貌虽易 而心固为如一也 日来为李鸿将军之丧颇多哀戚 盖数十年出生入死 情同手足 况冤未雪 抱恨长终 真难释然也 日前食欲稍差 秋凉后将较佳也 余此即询 近祺

立人 九、六、

“小兵之父”幽禁中给养子揭钧之信的原件

东北还成立了“一新农场”，在新一军于鞍山军部的一所日本人办的中学旧址办起了私立“清华中学”。由此可见，将军并非是只会打仗的一介武夫。后林彪以三十万人马为夺回长春、吉林的三次总攻均未成功。蒋介石嘉奖了新一军扼守松花江南岸桥头堡的团队。但老蒋黄埔一期嫡系爱将，人称“天子门生”的杜聿明为东北保安司令，他属下的七十一军就挡不住林彪，八十八师的师长韩增栋阵亡，自己也险些被俘。非嫡系的孙立人看这些军中享有特权的嫡系本来就不顺眼，加之孙、杜二人在东北战场各自境遇的对比又如此强烈，孙立人自是受到百般排挤，结果，孙立人被免职调离东北。有趣的是，将军被安置到台湾凤山训练新军，一支原在湖北守城、安徽驻防，被人民解放军刘伯承、邓小平的部队打得七零八落、溃不成军的青年军二〇一师，也被收容到凤山接受训练。不久后，金门大战，二〇一师也上阵了。他们，此进此出，判若两师。那场决战，海滩上攻、守的双方无法抢下来的战死者之遗体是好几千，潮汐涨退，卷涌的全是黑红的血水；掩护解放军登陆齐发的万炮，已震得天地全聋得听不到别的声音了；在进攻中勇敢于人海中的猛冲，已将攻、守的双方混成一团而难分彼此；阵地上有的死者皮都没有擦伤就僵直在那里，是为炮弹的震动和过度的惊恐引发心脏麻痹休克死亡。

这是解放军解放了夏门，几天后又攻下了金门所属的大磴岛后，打下沿海岛屿已似举手之间的事，官兵信心十足。自一方称“徐州会战”、一方称的“淮海战役”之后，蒋家之军，确实是兵败如山倒，很多时候是不用打，只要赶上了他们，他们准会举手投降。不想，这次金门之役却遇上啃不下来的硬骨头。直至近六十年后的今日，由于现实中的台海问题，刘亚洲还公开撰文回顾此时难啃的硬骨头。当时，双方堆在海滩的尸骨不说，那些抢滩上了岸的官兵，已不是往前冲就可以了，大家冲散了之后，往哪里走，都是人家的地盘，抬头都是人家的人。除一部分还没闹“蒙”且有宁死不屈之志者转身投海外，其余只能被俘。如今，在台湾不时还会碰到当时的这些被俘人员，成了家，儿大女成人了，过往的荣辱都为眼前的小日子所小市民化了。

当时，对于逃退到台湾，惊魂未定，金门炮响，不知再往何处走而陷于绝望的人们也没有想到，这一仗也隔开了两岸半个多世纪，大家都能平安无事。

因为如此，蒋经国也开始插手这支新军中的青年军了。但蒋太子和杜聿明不同，他有长期在苏联磨励的经验，放得下身段来，也能和士兵打成一片，有了这一基础，以其为太子，别的还有什么办不了的，何况，金门回师之日，胜军的骄狂，竟有人呼出“孙总司令万岁”来，这在蒋介石的眼皮底下，不是把孙立人往火坑里推吗？

台湾不少人说：当年老蒋若不是那样宠他的嫡系杜聿明，在东北战场放手给孙立人，那么，往后的一些事就可能多些曲折和插曲。

首先，蒋介石若能那样，他就不叫蒋介石了；其次，真要那样，过程可能是另一个样子，结局却也变不了了。过去早有人说过：蒋介石不是被解放军打倒的，是他自己掌握的整个政权之腐败打倒了自己。确切地说，是自己烂掉的。否则，不腐败，不用这些披老虎皮的狗欺压百姓，少做、不做缺德的事，那么，人民的起义、暴动、解放战争都是没有基础、没有必要、不可能成事的。

孙立人所领的部队，其属性是不会变的，但拉出来还能打，正是孙立人本人作为一个人，在此营垒，还未随其腐败、堕落。为下属领兵，洁身自好，清廉、正派，作为军人的他，官兵一致、身体力行、奖罚分明、爱兵如子。同士兵同吃同操，不像一些人那样蜻蜓点水的“作秀”，是长期实打实的坚持。士兵知道他在家夫人吃素，反而疼他要改善他的伙食，球场上你要让了他，他会为你看不起他“熊”你，就是要跟你抢球抢得难解难分，你也忘了他是将军。士兵视他为师为父，也非一般的感情因素。他曾收留孤儿，编成“陆军幼年兵总队”，多达一千三百多人，个个同他终生相依而存。他官再大，得靠这些兵为他打，说他傲骨铮铮，他傲的就是手下有这样的兵同他相依，称他“小兵之父”。除有上述情况，他是年过半百之后才得子，之前结发之妻未曾生育，对这些幼年兵，确有父子之情，有的直呼他“爸”，也得到培育、深造，他被软禁之日，忙于生计、创业的他们，也要拼命挤出时间来，利用外国护照之便进台湾，进那四围布满情治人员的住地来陪他住些日子，不是亲生，胜似亲生……

这样的长官带兵，和那些买官、卖官、扣饷、吃空缺、打骂士兵、作威作福的长官不同。进入战况，下面等着送死，他等仍不忘吃、喝、嫖、赌，下属只说："该死的跑不了，该活的仍旧上'军乐园'去打炮（嫖妓）……"当局就有服务他们的"军乐园"之消费项目，如此这般，带什么兵？打什么仗？

从这个角度看，孙立人和他们完全是两种人，无法类比，可是，他们毕竟是在同一个营垒。在美国接受的军事教育，从小熏染儒家的"君君臣臣，父父子子……"作为军人，他一切服从国家利益，蒋介石掌握国家机器，从封建的正统观念，他军人服从的天职，则是为蒋介石卖命拼打。这里不从任何党派利益考虑，他之所为，只为蒋介石当时在大陆的腐朽政权注入几剂强心针，不利于社会进步。对于一位胸襟坦荡，很有人格魅力的堂堂男子汉，不能不说这是他的一个悲剧。然而，他那么"忠君"，蒋介石还是把他往死里整，落得如此的下场，这就不是说是悲剧可以了的事了。

在他晚年，确切地说，在他离世前的十来天，看这位在战场叱咤风云的大丈夫、英雄汉，不是人上年纪按常规的苍老，而是非正常、压在悲剧的阴影之下的极度衰弱，除了是对暴君暴行的血泪控诉，它对于那些至今仍想以儒学儒教以治国的先生们，可曾想到这位既有儒将之风，战场上有谋更有勇，如狮如虎，致使敌人都敬畏、钦佩的将军，行事正大，却饱受排挤、打压、迫害之究竟；再想想过去笼统的“打倒孔家店”，绝对是过于简单化和粗暴，可是，对于这位走南闯北，国内国外，见过世面、受过严格的现代教育的中国知识分子，遭此厄运却还囿于孔孟的礼数、礼治、礼教所自囚、自虐的他，最后是压碎自己、自缚被擒、惨不忍睹，他命运的悲剧，又只是他个人的悲剧么？

他绝对是位非凡的军人，哪怕在他最后的日子，衰老、虚弱到体力已支撑不下去了，军魂仍在。当年拜会了他告别出来，“他不同我们说什么，拖着腿还是在往门前走，当我走下玄关穿上了鞋，再给他行礼告别时，只见他扒开夫人搀着他的手，立正，举手向我们行了一个军礼”。

“将军还是将军，将军不老；将军老了，是老将军；当年的风姿不再，气概还在。”

当年，我除了将他看作白色恐怖下的蒙冤者，别的，怎么评价，由时间、由历史来说吧。将军九十年的人生，包括曾和他交手打仗的对手，以及从不同方面认识和知道他的许许多多的人，都感悟、认定到他的人格力量：他做官，不是为官不仁的人，从他所在的行伍来说，恪尽职守，忠于信仰，爱兵如子，敬民如父，指挥打仗常胜不败，兵马过处秋毫无犯，说他是一位地地道道的军人、一位非凡的军人，是不会错的。

原载二〇〇八年五月十五日香港《海岸线》季刊十四期

孙立人与杜聿明失和真相

葛　琪

关于孙（立人）、杜（聿明）失和的事，对局势影响至大，报刊多有记载，因都是猜测传言，很不实在，兹将驻印所见所闻，作为饭后茶话，当“白头宫女谈天宝遗事”可也！

曼德勒第一次会面，杜的仪态失常，暴躁而欠学养，给孙留下不良印象；至印度后，不和加深，有下述数事：

一、两样心：在大撤退时，我师遭到极端歧视，派我们殿后，以陈鸣仁的一一二团抵抗敌军的追击，又派一一三团远去密支那，阻敌西进，前后左右都是我们的人，保护他们安全北撤，而我们时时都要艰苦的战斗，多次被敌包围，都因孙将军指挥适当，才能逃脱包围，得以避过歼灭之灾。

二、妒忌心：因妒生恨，大撤退，又在印度相见，我们无一死伤，他们几乎全军覆没，既恨老天不公，更妒忌孙的天才，可将他们比矮了；杜等很想“秋后算账”，追究违令之责，可孙却“如日中天”，也无可奈何！

三、眼红病：孙既获得英、美勋章，救英军的报道，连续宣扬，轰动全世界（连大陆都无人不知、无人不晓），又得到欧洲战场盟军统帅艾森豪威尔的邀请，赴欧参观战场，得到英、美、法诸名将，如蒙哥马利、巴顿、戴高乐等的热烈欢迎，更是锦上添花，使他们眼红，仇恨心更炽！

四、侥幸存活着到达印度的三千人，官多（有上、中将军多人）兵少，不成部队，英军不另发给养，要到我们师部领取，长官部要到师部领给养，需要的物品也要经我师部才能得到，他们直接去交涉，都碰了钉子，气得他们顶心顶肺要爆炸，可是寄人篱下，也无可奈何！且孙将军要什么就有什么，并不讲好话来乞求，而是命令英军官（及后的美军官）无不既敬且怕。这些情形（不愿求而又不求孙）火上加油，其恨更深！

我们与英、美军并肩作战两年多，他们全没妒忌心、眼红病、幸灾乐灾等病态，我胜则喜、我危则忧，唇亡齿寒，互倚共存，这些都是中国人的心病，不知何时能医好！

五、孙将军有旺盛的进取心，像在仁安羌英军解围后，马不停蹄，即令陈鸣仁团包抄敌军，埋伏于日军后退必经之路，要前后夹攻，一举歼灭敌军三十三师团，因局势急变，才未能如愿！又如东北内战，新一军一口气从营口登陆，打到长春，孙很想继续北攻，渡松花江，即派兵一连渡江，抢先占据桥头堡，为渡江北进做准备，减少强渡时的困难与人命的损失；因杜等将领反对，放弃此计，使孙非常失望灰心，愤而辞职！终八年抗战，国军全是防守，哪有进攻的，养成将军们只知防守，毫无进取心，等敌人打、等敌人聚集包围，哪能不败？孙骂他们是庸才，一点也不过分！

知　兵

卢成信

民国三十七年夏季，我参加陆军军官学校第四军官训练班尉官大队受训，在凤山营区，聆听当时陆官训练司令官孙立人将军讲授“统驭学”。三十八年，我在军官训练班十七期学生队，再度聆听孙将军亲自为我们讲授“统驭学”。三十九年，我任储备军官训练班少尉区队副，又再聆听孙将军讲授“统驭学”。在这三度听讲中，给我启示很多，这一生真是受益不少。尤其给我印象最深的是孙将军一再讲述的一则“知兵”的小故事。

孙将军讲：“我当团长的时候，我的卫兵由全团士兵轮流担任，我经常抽点时间，和站在团部的卫兵交谈几句，问问他们的籍贯、年龄、学历、家世、专长与平日的生活情形，在谈话中也可探知官兵间的感情和管教的勤惰。几个月后，我对全团的官兵，都能直呼他们的姓名。有一天，我经过士兵浴室门外，听到两位弟兄在吵架，我闻声立即呼叫他们两人的姓名，叫他们不要吵架，他们两人听到团长喊叫他们的名字，他们两人有点害怕，随即一同来到团部向我认错忏悔，痛哭流涕。又一次在无意中听到弟兄们自傲的对话：上兵赵明隆洋洋得意地说：‘喂！你可知道，团长一见面就叫我的名字，在这样短短的时间，团长就认识了我！’二兵林雄彪却大不以为然地说：‘这有啥稀奇，团长前天在隔壁听我说话，不但叫我的名字，还责我说话声音太大呢！’两个人都很得意地笑了起来。”

这一则小故事，一直萦绕在我的脑海里。

小故事五则

胡虚一

之一

话说民国三十八年夏天八月初，我随亡兄黄勤益先生过去服役有年的陆军部队第九十九军第九十二师撤退台湾的军船，由广州黄埔，驶经香港，来到台湾。到台不久，我便参加了这个部队。一个二十一岁的大陆流亡大学生，一变而成了一名军人。只是我虽穿上军服，在习气上仍是一名“活老百姓”。尽管从戎了，而笔却未投呢。

我参加陆军九十九军后，奉派在军政工处任上尉干事职。主编一份名为《重九周报》的军报，每周印报五百份，分发所属部队官兵阅读。兄长并指派两位男女政工队员协助我。除《重九周报》社论由我执笔外，还替高级长官捉刀写点应酬函札文稿。二是每个星期到军长公馆三天，为军长两个男孩和一个亲戚女孩，补习初中的英文和数学等功课。所以我到台湾，投笔从戎，官拜上尉，干的工作，一是编报写文，一是当家教，都是文的，不是武的。

陆军第九十九军因奉命整编，军番号撤销，新编组之“陆军九十九军编余军官大队”，均西调嘉义之内角营房整训和待命。我见兄长来当中队长，就留在兄长队上，做名待命的编余上尉军官，并兼办队上的文书工作。除上尉薪新台币七十八元外，另支文书工作津贴新台币十元。工作办完，便和队上那些“饱食终日，无所事事”的编余军官老大哥们搭车到距内角很近的白河镇街上，喝茶聊天去。

我们这一大队的待命编余军官几百人，在荒僻的内角营区，待命到一九五〇年一月上旬某天，大队长胡化民少将突然集合我们整队宣布：“从现在起，这三天之内，任何人不许擅自离开内角营舍。各队长也不许擅自准任何人的请假。因为就在这三日内，孙司令官要到这儿来视察九十九师的训练。他也要到我们大队，亲自给各位点名，想从我们之中，由他亲自选调一批到凤山的储备军官训练班受训后，备作将来即要成立的新军干部。这是我们编余军官再有出路的好机会，大家不要自己吊儿郎当自误前程！”大队长说完宣布之事，队行里响起了一片笑声。大队长说要来给我们亲自点名，选调我们中的人去受训后做新军干部的孙司令官，便是时为陆军训练司令，兼台湾防卫司令官，兼陆军军官校第四军训班主任，兼东南军政长官公署储备军官训练班主任的孙立人将军。

在孙司令官来亲自点名之前，我们各队在营区操场，整队一起，先由各队中队长、后由大队长做点名预演一番。而我这个“活老百姓上尉”编余军官，在应点的三个基本动作：立正站直、举手答有、两目正视点名长官，临时抱佛脚，兄长请我的分队长魏刚少校，还给我特别恶补了一阵，方算符合要求，不致丢一个军官的脸。到真点名的日子那天，我们一大早就听到说，孙司令官昨夜睡在火车的专车上，一早到了嘉义火车站后，便由守候在车站迎接的邓师长和胡大队长陪来内角。上午看九十九师的部队训练，下午向“编余军官大队”点名，并召见队职官做个别谈话。及到下午我们受点时间，队伍由兄长负责指挥。少顷，我站在第三队的行列里，望见头戴大军帽，身穿一套洗褪了色的草绿人字布军常服，束腰带，脚着发亮的长筒马靴，腰杆挺直的孙司令官，仅带一名也穿相同军常服和长筒马靴，并手持多支红蓝铅笔及一把削铅笔刀的侍从参谋陈良埙少校，由邓师长和胡大队长陪引，到了我们集合应点的操场。他先接受了兄长的军礼和报告受点人数后，他便戴上老花镜子，分别从队长的手上和陈参谋的手上，接过点名簿和红蓝铅笔，逐队逐人地点起名来了。

孙依队次，最先由校官队开始点起，然后为一、二、三各队。我在最后的第三队。我见孙在前面各队点名的状况是：他点叫了应点者姓名，应点者举手答了“有”，他再看他一眼，便在册子名下做了注记，就过去点下一名了。有时见他点叫了应点者姓名，应点者举手答了“有”，还要回答他问话后，他手在名册上做注记。还有的应点者在点叫答询后，再被他细加端详一会儿，才被他注记于名下。至于孙在应点者名下注记些什么，在旁照应他点名的队长固难看到，而跟在一旁，埋首用小刀为他忙削红蓝铅笔不停的陈参谋更看不到。等到兄长陪侍他点到第三队来了，我因是首次经历这种点名场面，不免有点儿紧张。不一会儿，便轮到我应点了。孙将军点叫了我的姓名后，便要我先把答“有”的右手放下来。于是他站在我面前，先向我打量端详一会儿，然后问了我好几句话，等我一一答对了，他才在我名下做了注记，方 pass over。我现在还记得那次点名他问我答的两人对话，兹录如下：

孙：你才二十一岁就当上尉了，什么时候升上尉的？在九十九军升的吗？

胡：报告司令官，我去年八月来了台湾，才到九十九军的；一到就当上尉，至现在当上尉还半年不到，五个月多一点点。

孙：你在九十九军政工处做干事，都担任的什么工作？担任过其他职务没有？

胡：去年一到九十九军，就在政工处编办军报，一直到军部奉令撤销番号，没有做过别的职务。

（这时陪侍在旁的兄长中队长黄勤益上校，拟为我向孙说明，但为孙止住。孙不要他代我讲，要我自己讲。）

孙：你没有到九十九军前在做什么？

胡：是流亡学生。未流亡前在长沙求学。

孙：（似表满意的样子）好，好，很好，你戴的近视眼镜几度？不戴眼镜视力情形怎么样？

胡：这幅眼镜念高中时配戴的。五百多度。戴习惯了眼镜，不戴反不习惯了。

对话到这儿打止。司令官低头做注记后，又看了看我，便过去了。这时连埋首削铅笔的陈少校也抬头望了望我。孙点了我名，再继续点完第三队，点名工作便告结束，接着他对大家说了几句简单慰勉的话，大意是："部队整编是为充实员额、遏止虚浮不实的过去弊端，大家不要以为被编余便灰心。编余绝非无用。我这次来点名，便是调一部分到储备军官训练班去受训，备作将来成立新军的干部。我回去后，很快就有通知来的。"讲话毕，便到大队部召见各中队长、副中队长、分队长做个别谈话。谈话毕，便驱车离营走了。听说又在火车上睡觉回台北。孙将军不愿把时间浪费在旅程上，耽误他看部队的行程和时间，故旅程时间都安排在晚上，常在专为挂在夜班火车的专用车厢内睡觉，一觉醒来天明，便到达要看部队的地方火车站。他和随行官员下车后，坐上来迎接他的部队长座车去部队，他的火车专厢便停留在火车站。等他看完部队，再上火车，挂在夜间北上火车后，又在车厢内睡回台北。一九五一年春到次年秋，我在驻防彰化市南廓国校内的陆军第八十七军司令部服务时，因我担任军长邹鹏奇将军的侍从军官兼卫士排排长的职务，便常奉到参谋长赵善荫上校面示："即报军长，明晨七点，总司令来彰化，要看我们的 ×× 部队。"所以孙老总要来看第八十七军海防部队，总是坐夜火车来，清早就到彰化火车站；而我随部队长和军部高级长官，也都在一清早便到火车站迎候，有时或到台中市火车站迎候。所谓"孙老总爱睡火车"的事，当时便在陆军部队内不胫而走，连士兵都知道的。

一周之内，大队部即收到调训的九十二名编余军官名单。内有被孙召见做个别谈话的队职官，像第一队中队长梁伯群上校（曾任九十二师排连营长、参谋主任、副团长、代团长、军部作战处长）、第三中队中队长黄勤益上校（曾任九十九军干训班炮兵教官、队长，九十二师副官主任、辎重营长、副团长、军政工处代处长、九十二师政治处处长）、校官队副中队长袁进慧（九十二师排连长、副营长、军警卫营长）、第三队分队长魏刚少校（九十二师排连长、副营长、军干训班副大队长）等人都是。名单上的九十二人，绝大多数都是名副其实的军官，甚多且是军校毕业生。只有我这个投笔从戎当上尉半年还不到的"活老百姓"，居然也榜上有名，被孙司令官点名看中，调去受训做"新军干部"，这不仅使大家大感意外，连我本人也莫名其妙，觉得奇异！大约两年之后，我在服务之陆军第八十七军奉令整编时，借机调去台北上海路陆军总部工作，以便遇机复学再读书。我在陆总副官处第一科任上尉参谋，主管一切人事资料档案。孙历年到各处点名册籍资料，大多保存在我主管的资料室里。我曾在这类资料档案中，找出以前孙司令对陆军九十九军编余军官大队点名的名册，查阅点我名时，在我名下所做注记是：用红笔写 A；用蓝笔写“年轻体健近视，大学未毕业，流亡学生”等字。

孙将军的点名，在他做陆军训练司令兼台湾防卫司令官和陆军总司令兼台湾防卫总司令的时代，是件很重要的事，也是陆军部队都熟悉的事。所以我特将自己在陆军第九十九军编余军官大队亲受孙将军点名的故事，详记于上。

之二

去受训的九十二名校尉级军官，于一九五〇年一月下旬，由梁伯群和黄勤益两位上校率领，前往凤山湾子头的“储训班”报到。班本部却按照我们各人的册报学历情形，分发去各总队，再由各总队部编到所属各大队的各中队去。储训班共有三个总队九个大队三十二个中队。我们被孙点名选中调来受训的九十二名陆军九十九军编余军官，大多分编在一总队（总队长杨廷宴少将）和二总队（总队长刘梓皋少将）所属的大队、中队，编在三总队（总队长唐去非少将，后被“国防部”核阶降为上校）所属各大队、中队的人不很多，而我便是被编在第三总队受训的少数人之一。我被编在第三总队第九大队（大队长向华超上校）第三十二中队（中队长戴伯威中校）第二分队（分队长常换人，故记不得他们的姓名了）。

我受训的这个“三总九大三十二中队”是储训班的最后一个中队。这个中队的最大特色，是“真军官少，假军官多”。何以故呢？因为凡经由孙将军亲自点名选中的各来台部队里的大陆流亡学生，来班报到后，便都编在这一个中队里。故这个中队，常被别队笑为“大陆流亡学生队”或“活老百姓中队”，都不以军官队视之的。而我们这个“大陆流亡学生队”里，有北京大学生，有河南大学生，有长白师范学院生，有湖南大学生，有山西大学生，有安徽大学生，自然也有高中生和初中生等等，但大学生真是不少。就正因此，我们这个中队的文学堂教育程度最高，但武学堂的程度却低到简直没有。因为别队学员多为军官，像立正稍息、齐步正步、左转右转向后转等个人基本教练，都只稍作复习就过去了；即便班基本教练，乃至排战斗教练，也都是复习而已。唯有我们这一队的“老百姓假军官”，一切都按“步兵操典”从基本来训起。故别队在各个基本教练的训练，轻描淡写复习一下就算时，我们这一队的学员，却训得起劲得很，开始时连星期日都不放假，加紧操练，以赶训练进度呢！我后来听说，这是班本部教育组“奉命行事”，对我们这一队的“特别规定”。而这一“特别规定”又是奉谁的命呢？自然是奉兼班主任孙立人将军之命也。

这个由孙将军兼班主任的储备军官训练班，实际由一位曾当过陆军军长的副主任赵霞将军主持，另有三位将级班副协助。这个班只办了两期，便奉命改制为“陆军步兵学校”。其教育科目和训练方式，和孙将军兼班主任的陆军军官学校第四军训班（后奉令在台复校之陆军官校，便以此班为底子改制而成）的情况完全一样，系遵照孙的指示，参考美国的训练方式办理的。其教育训练特色是，由学科的讲堂，到术科的操练，其进度的密集紧凑，真是到了紧张得分秒必争的地步，尤其是特别加强体能训练的各项运动，如晨间的五千米跑步，傍晚的爬竿、跳木马，以及训练协力合作的枕木运动都是，都使得很多货真价实的沙场老将吃不消；而我们这一队的“老百姓军官”就更吃不消了。但我们参加孙将军每月亲自主持凤山各训练班的联合国父纪念周，或各训练班队受训学员一同听他讲授“统驭学”一课时，他总是强调“增强体能训练的运动课程”的重要。他说：

“强‘国’必先强身，我们军人尤须强身，尤其是带兵打仗的军官，更须锻炼好强健结实的体格，才可有坚强的体能和意志，去发挥优异的战技和强大的战斗力，争取到战斗的最后胜利。军人的事业在战场，而战场上的事业，莫过如打胜仗。我们和敌人在战场上拼斗，谁有体力支持到最后不倒下来，谁就会打胜仗。所以有人说‘最后的胜利在最后五分钟’！”

这便是在凤山陆军训练基地受训各班队的学员，由音乐教官教会，常在队伍前进时齐唱的一首军歌中“力量是铁，力量是钢。……胜不骄，败不馁，越练越坚强！最后的胜利，在最后五分钟！”这些歌词的缘起。老实说我被孙将军点名选调到该班分到这最后一个中队的头一个月，对那种密集紧张的军官训练，真有咬牙苦撑不下去之势，私下曾对也在该班校官队的兄长抱怨来了这儿受训。因为头一个月训练下来，晚自修完了，睡在大通铺上，只觉周身骨头都要散开似的。幸兄长给我加油打气，他说：“这儿是正规的军事训练，可与你从前在文学堂上的军训课不同。你开头吃不消，再过一阵子就会适应的。你熬完半年结训，不仅于身体健康有益，且就不再是军中的‘活老百姓’了。”因此，兄长总是不断地鼓励我：“既来之，则安之，一定要咬牙撑过去，绝对不可打退堂鼓，弄得半途而废”。

都由孙将军兼班主任的第四军训班和储训班，虽属两个营区，但内部是相连的。而且还有若干训练场所，是两班共享的，像兵器射击训练用的大靶场，又像听请来的名人演讲和开扩大联合晚会的大司令台等都是。因为两班营区内部相通，故孙将军只要到凤山，必会到两班，到处走着看散在大操场的各队操练，而且还随时找出操练的学员问话或谈话，有时还协助教官和队职官做讲解课程和示范动作。而我们一队在操练时，又蒙他亲临教诲的次数特别多。我现在把印象最为深刻的两次简述如下：

一是某日下午上美式刺枪课。当我们全队学员，正持上了刺刀的步枪，做散开队形，跟着教官的示范口令，一面大喊“嗨！杀！嗨！杀！”“杀！嗨！嗨！嗨！”一面做前进冲刺动作时，只见老是穿一套洗褪了色草绿人字布军常服和脚穿光亮马靴的班主任孙将军，由副主任、负责训练的班附、总队长、大队长陪同，向操场上我队的场地走过来了。我们队长发了“立正”口令向他敬礼后，我们继续做刺枪操练。他们先站在队伍正面看我们操练了一会儿。但见孙将军一人疾步走到一位学员身边，向他端持的枪，出其不意地用手猛力一击，便将他的枪支击落在地；又由于那位学员的枪上刺刀未上好，致枪被孙击落在地时，刺刀又从枪上脱落了。这一下全队都大惊失色。此刻孙将军拾起了枪和刺刀，走到教官的面前。他倒未责备那位学员，反先训责教官课前的疏忽，说他在上刺枪课以前，应该认真好好检查每一位同学的枪上刺刀是否上牢。继又向全队学员说：“刺枪是力的表现，因此刺枪最基本的要点，是持枪的握力，要端枪握得牢、拿得紧，方可冲刺有力，遇对刺者反刺拨击，才不会被人把枪击落。刚才这位同学的枪被我一巴掌打落在地，便是持枪握力不够。”说时还亲自做了好几下连续的示范动作给我们看；后又命那位失枪脱力的学员出列，还枪给他，并要他照他刚示范讲的话，表演一下给大家看看。他更取了一位学员的步枪，和那位出列学员对刺了几下，表演了几下防刺方法的示范动作，便去看别队的操练了。当时我们这队都只是二十岁出头的小伙子，看到这位身为陆军上将总司令的孙将军，虽然年逾五旬、两鬓飞霜，但他对属于士兵战技的刺枪动作，尚有如此熟练精湛的身手，大家自更对他敬佩得五体投地了。

又有一次是全队上全副武装超越障碍的排攻击训练课目。正操练中，又见班主任孙将军手持一小鞭子，和随行人员来到我们的场地。我们依分队次序，逐班演练跳跃翻过大板墙、走过大水坑道上独木桥和匍匐前进、穿过带刺铁丝网等几道障碍，然后上刺刀冲锋，攻占目标。我们演练时，孙将军一行就站在大板墙附近，看我们越过此第一道障碍的训练情形。他细看学员的每个动作：先跳跃用双手抓住板墙上面边缘，然后再用臂力使人攀上去，翻过上面跳下来，就算超越此道障碍了。可是，我们学员中，有人固能一跃就抓牢板墙，攀上翻过跳下而过关，但也有人连跳几次都未攀上去，更有的一跃用手抓住了板墙，但后力不济，便吊挂在板墙上面，最后还是落下来。孙将军见了这个情况，便在板墙旁叫：“再来一次，再来一次，一定要攀上翻过去，不要失望气馁！”我就是在他对我叫了三遍“再来一次”，并用小鞭子在我的背包上轻打了几下，才终被我一跃抓牢板墙攀上翻跳下去了，唯头上斗笠却仍落在板墙这边。就全副武装超越障碍来说，超越障碍时，身上装备的任何一样东西弄掉落，都非好成绩。孙将军一行一直看完我们全队训练课完毕才离去。离去前，还给我们做了简明的讲评。他指出我们的手力和臂力训练都不够，方有人跃上板墙手抓不牢上端，又攀不上去，而终落下来。因此他说“今后要多做爬竿和单杠的运动练习才行”。这也是我当年受严格军事训练时，孙将军给我印象深刻的一次讲话。

之三

我原在九十九军当上尉，后在储训班受训，统一报请核阶时，被上级核降为中尉，当中尉排长。一九五一年初春，我刚到台湾投笔从戎所遇的邹鹏奇军长便把我调来八十七军，做他的侍从军官兼卫士排排长。调来不久，又复升上尉。

这年的年底，美国援台的顾问团派来了协助我军部队教育训练的顾问小组到八十七军。他们在军部和“中国”的联络组同在一间大办公室办公。这个协助本军部队训练的美军顾问小组，先由一位克拉克中校率领，后改由一位威廉中校率领。此外，还有一位达赖尔少校、魏特摩尔上尉、凯尼兹上尉和两三位军士。这个顾问小组，在中防部（司令官刘安祺将军）的美军上校顾问指挥下，在军属九十一师驻防的乌日营区（即现在的成功岭营区），开办了一个由美军顾问魏金森少校主持，由九十一师师长王多年上校支持的训练基地，轮流调训本军各师部队的干部。因此，陆军总司令孙将军便常在夜火车睡觉，天亮到了台中或彰化，就由中防部刘司令官和本军邹军长等随行人员陪侍前往。

记得一九五二年秋天，我由驻防彰化的野战部队八十七军奉调陆军总队服务以前，随邹军长一早到彰化火车站候迎总司令驾临中部看部队的最后一次，总司令及其随行官长，由中防部首席副司令施中诚中将代刘司令官、五十军郑挺峰军长和本军邹军长等高级长官陪同，既非到大肚山乌日训练中心，去看美军顾问为中部地区战斗部队抽调干部，所作之“种子训练”；也非去巡视本军大多住在海边克难茅舍内的海防部队；而是到本军顾问小组奉命协助我军改善部队官兵伙食营养、加强卫生习惯，才开办在花坛本军干训班内部的一个“炊事人员讲习训练中心”。这个中心虽开办在八十七军的干训班内，由干训班总务组做人力事务性的支持和配合，但一切讲习训练皆由台北美军顾问团派来本军顾问小组的一位卫生营养专家的少校顾问负责计划实施。而轮调此中心接受讲习训练的炊事长和班长，乃至连级特务长、营团以上各级负责办伙食的副官，也非仅限于本军。友军的这类列兵、班长和军官也有，这个由美军卫生营养顾问主持的“炊事人员讲习训练中心”调训的对象，可说遍及中防部防区内的所有部队。那时本军司令部各单位都散住各处，无法集中开伙，故各单位都有炊事兵和班长，自行开伙，这样一来，炊事人员可就多了。像由我为首的侍从军官室和卫生排，便也是个有近四十人自行开伙的小单位，而且还要兼办副参谋长以上几位高级长官的伙食。所以我指定中尉侍从军官任勤汉带一卫士负责专办高级长官的伙食，又指定排副田学文准尉，带两名卫士，专办卫士排的伙食。所以我领导的一个很小单位，便有两位军官和三名士官负责伙食炊事的工作。那位由台北美军顾问团派来本军顾问小组负责开办“炊事人员讲习训练中心”的美军少校顾问，刚到本军顾问小组之初，轮流到军司令部各单位参观他们个别伙食的情形，更在我的卫士排吃了几顿饭。那时，我们的伙食很差，官兵每人每天副食费只有新台币七角。因为菜食营养不好，大家饭吃得就多，于是米的结余少到几至于零，自然就很少加菜打牙祭了。而鱼肉黄豆等配给也没有，每人少量的面粉配置，还不够每早吃一个馒头。所以那位第二次世界大战时到过中国云南，还能略说几句中国话的美军少校卫生营养顾问，在侍从军官室的卫士排，和我们四位中国军官（三位侍从军官和一位排附）同桌吃饭时，他就用结结巴巴的国语说：“我们的伙食卡路里是不够的，要加改善才行。”我也笑对他说：“这要请贵顾问向我们的长官建议才行。”他又对我说：“Gaptain，我来这儿，就是要帮忙你们改进伙食的。不久我就要在贵军的训练班做这方面的工作，那时你可遣你们的厨子到那儿去受训。”所以设在花坛的那个“炊事人员讲习训练中心”开办不久，我便把负责办理伙食的侍从军官任勤汉中尉和排副田学文准尉，以及三名担任炊事工作的卫士，分批遣去那儿参加一周的讲习训练了。我们到达花坛军干训班时，孙总司令，施副司令官，郑、邹两位军长，两军的部分师长，军官战斗团长（吉星文和吴万昆两将军），中防部顾问小组首席顾问某上校，五十军顾问小组某中校首席顾问，和本军顾问小组首席顾问威廉中校，及其随从人员，即本军干训班专职副主任胡立民上校（胡上校毕业于军校七期，是位勇敢善战的指挥官，作战时期，身负重伤数处，由少尉排长累升至少将副师长。唯部队来台整编，少将被核降成上校，调军干训班副主任后，非常消极，不久便自请退役了），教务组长夏选璋上校和那位卫生营养专家的美军少校顾问引导参观“中心”的大厨房内各种炊事设施，和受训人员正在分好几组地学做蛋糕西点的操作训练。接着由卫生营养顾问向孙将军等人做一简报，说明此“中心”的讲习课程和训练的食点项目，由随孙将军来的总部编译处科长吴炳钟上校做翻译。孙总司令听完美顾问所做简报后，即席做了几个要点的训勉：一、要加强炊事人员的个人卫生教育，使他们能养成个人爱整洁的生活习惯（如常洗澡、理发，勤换衣服，多剪指甲等）；二、要加强炊事人员如何管理厨房的知识和方法；三、教授新的烹饪方法和手艺，不可故步自封，要知推陈出新；四、更要研究战时携行方便的简快餐点。简报完了，“中心”受训者便把他们刚学会做好的蛋糕食点，拿来让总司令等高级长官和我们随行人员品尝。我们正品尝时，有位师长说笑话般地说："现在部队官兵主食以米为主，每人每月的面粉配量，连每天早餐每人吃一个馒头，还不够吃一个月的，将来哪有多的面粉做蛋糕点心吃呢？我看我们的炊事兵、炊事班长，学会了这套新手艺回去部队，恐是'巧手难做无面粉的蛋糕'啊！"说得正在品尝蛋糕的大家都笑了。而总司令这时也向施副司令官和几位军师长、战斗团长等高级官长闲谈说："今后我们南方人多的部队，主食要多发面粉、少发米，养成他们能吃面食的习惯；北方人多的部队，主食则发米多于面粉，养成他们能吃米饭的习惯。因为军人打仗，也许北方人多的部队在南方作战，南方人多的部队，在北方或东北和西北作战。如果前者吃不惯米饭，后者吃不惯面食，肚子都吃不饱，还打什么仗呢！"大家听了，都觉得总司令说的这些话很有道理、很有见地。这也是孙将军留给我印象颇深的一次讲话。

孙将军在其陆训司令和陆军总司令任内，每到各地看陆军部队，总也去看看各部队厨房情况的。据说有次到屏东大武町营房看炮兵团的某营厨房时，正碰着一位衣着不整的炊事班长，在厨房边水沟解小便。那班长也认不得司令官，解完小便又回厨房去炒菜。孙跟他走进厨房，站在锅灶边问他话："你解小便为何不上厕所？解了小便又为何不洗手就来炒菜？你这样不讲卫生，你做的饭菜，人家还敢吃吗？"那炊事班长这时才知是司令官来了，但有何话好说，只好认错。

这是我在凤山受训时听到的有关孙将军的故事之一。由此可见孙看部队爱看厨房的缘故何在了。

之四

我在陆总服务期间，为了准备参加高考的应考科目，除到较近的台湾大学文法学院旁听功课外，陆军总部的图书室，对我读书自修的帮助也很大。说起陆军总部的图书室，开创于凤山的陆军训练司令部的时期。由于司令官孙将军常训勉部下要多读书求知、充实自己，故他非常重视这个图书室。又由于他本人出身清华大学的前身清华学校，留学美国，是位有真才实学的将领，故他也很注重这图书室内的报刊藏书的品质。因此自陆训部创立，到陆军总部成立后不断地扩充，到我调去总部工作的时期，图书室已由一大间扩充到两大间；里面大间，是只有工作人员才可进出的书库，外面阅览室四壁也都是排满了藏书的书柜。而藏书也非尽是政治宣传品，像由胡适、雷震等先生创办的《自由中国》杂志，在我于一九五五年七月底奉准离职以前，每期都是公开陈列在图书室外间的阅览桌上，供官兵阅览的。我有时中午休息时间去看书，也遇到常为孙将军在总部看家的副总司令贾幼慧将军，进来和大家坐在一起看《自由中国》杂志等报刊。他头次进来阅览报刊，搞得在里面看书的官兵好紧张，还有起立向他敬礼者。他接连说：“大家看书，在这儿不要向我敬礼，不要拘束，放松点。”故总部的这个图书室，倒蛮有点学术气氛的味道，绝非当时的一般军中消遣阅览室所能望其项背的。

这个图书室隶属总司令部办公室，而非蒋坚忍将军领导之政治部。主任为孙克刚少将，副主任为郭元峤上校。前者为孙将军的侄儿，后者为当时“国防部长”郭寄峤的胞兄，由总司令办公室的一位上校秘书叶以炽主管，所以到图书室看书的总部同仁，都叫叶上校为“图书馆长”。可是叶馆长却为图书馆受过他的同乡长官之责备。原因是台北陆军总部成立后，叶上校将凤山陆训部的图书室搬到台北，并扩充为两大间时，他就把“图书室”的牌子，换成了“图书馆”的较大牌子。新招牌刚挂出来没多久，被总司令看见了，他就把叶叫去训了一顿，说：“才有房子两间的图书室，怎好意思挂上‘图书馆’的牌子呢？你想当‘馆长’，也得等到图书室扩充到有了一栋房子的时候。现在才有小房两间，你就要当起‘馆长’来，未免太早了一点吧！”训得叶秘书满脸通红出来，赶紧又把“图书馆”的较大招牌，换成“图书室”的小牌子了。上面的事情，也是总部同仁见叶叫“馆长”的一个原因，自然很有趣味性。

又据当时一位和叶馆长很熟的总司令办公室同仁后来告诉我，说叶把“图书室”牌子换成“图书馆”，也非全无一点原因。那是叶因知孙将军曾早写信给一些他的美国友人，请他们为中国陆军总部的图书室募捐点图书。而他的美国友人也答应了。孙将军的美国友人，读到孙的英文信中“the library of Headquarters of Army of China”，自不会以为堂堂的中国陆军总部的library只是一间或两间房间的；也许他们会以其陆军部的图书馆来衡量的。因此他们应孙将军之请，为陆军总部的library募捐到的图书数量相当可观，据说装了好多箱，托一家轮船公司运来台湾，并事先写信告知孙将军。大概孙将军将美国友人捐赠图书的信，批交总司令办公室早做接管这批图书的准备；而总司令办公室负责图书的叶上校秘书心想，这大批的美国友人捐赠图书到来，岂是两间房子的图书室所能容纳，总务处（处长王筠上校）势必要另拨房舍来做图书室，这时的图书室自可改称“陆军总部图书馆”了。讵料叶上校才把新的“图书馆”招牌做好，美国友人捐赠给中国陆军总部的图书，船运到了基隆码头仓库后，陆总还来不及去办提运手续，即被孙的清华校友、台大校长钱思亮知道消息。钱便赶紧去找孙商量，代台大学生作恭打揖，央求将这批图书，除军事部分的外，悉数改送给台大的图书馆，说是“嘉惠青年学子，功德忘恒不忘”，又说“台大图书馆，将永远感谢陆军总部的孙总司令”。钱思亮为这批图书缠着清华学长不放，而孙也被钱缠得受不了，最后只好松口相让。于是这一大批书，就这样都被“途中拦劫”去了。这件事，孙将军曾在由他亲自主持的一次总部周会训话中详细报告出来，我亲耳听到的。只是这对负责陆总图书馆的叶上校秘书，是很不乐的。他一气之下，便把先准备挂在“另拨新舍，容纳新书”的“图书馆”新牌子，挂出来过过干瘾再说。哪里知道挂出未久，就被孙将军瞧到叫去刮了胡子。所以总部同仁当年见叶叫“馆长”，实也有对叶“深表安慰”之情的意思。

不论这个“图书室”改名“图书馆”对叶馆长的祸福如何，但它对我的读书自修之帮助是很大的。因为我在陆军总部工作三年多，我在每天中午和晚上开放的时刻，都在那儿读书做札记。星期日和假日它开放半天的时间，我也在那儿读书做札记。所以我终在一九五四年的上半年，考取考试院举办的高等检定考试；下半年考取全国性的高等考试。现在我再记一个在图书室读书的往事如下：

记得有一天星期日上午，我照例在图书室开门后进去，在阅览桌上伏案读书做读书札记。平日室内，总还有学养不够的低级士官列兵，爱在阅览报刊时细语谈话，或讨论报上新闻的事。但这天上午，我突觉室内显得异乎寻常的平静。我以为是有高级长官像贾副总司令、赵参谋长等人进来看报了，虽仍读写未辍，但也好奇地抬头看看四周。这时我发现图书馆长叶以炽上校正陪送老总站在我读写座位的背后。他正凝视着我面前桌上的书和笔记簿。我立即站起向他敬礼（那时室内已兴无帽行举手礼了）。认得我的叶上校“馆长”向总司令做介绍报告：“他是副一科的胡参谋，因准备参加高考，每天中午晚上都来此看书，假日上午，图书室开门后，他就来了。他是在图书室待得最多的一位。”总司令听了笑着告叶说：“我认得他，副一科的人我认得很多。他主管资料室，且常替参谋长写抄东西，并在台大做旁听生。”我听总司令对我的事了解如此，不免有些诧异。盖我区区小上尉参谋，在千多人的陆军总部中，真是多如车载斗量、渺如沧海一粟，怎会被高高在上的总司令认得呢？我感诧异者以此。然后孙将军取出老花镜戴上，拿起我读的书本和笔记本，翻阅了几下，问我：“你在文学堂念法律的？高考要考《中国法制史》这门课吗？”我回答他的问题后，他和我握手，再亲切嘉勉了我几句，便走去看别人看书了。这是我调到陆军总部工作三年多中，和总司令两人站立距离最近的面对面谈话的首次，也是唯一仅有的一次。所以我至今不忘。

之五

话说一九五三年春夏之交的某日上午，副一科科长李权上校走到资料室我的办公桌边对我说：“刚才总司令的侍从参谋陈良埙打电话来，传示总司令要召见 ××× 等几人，先要看看他们的人事资料，要我们马上送过去。”我即请求科长：“总司令要召见 ××× 等几人的人事资料，项目颇多，资料室都分类由专人掌管，不知总司令要看被召见者的哪项资料？”科长说：“陈参谋电话中未说明这一点。请你打电话直接问他，问清楚了，你亲自送去。”科长说了回他办公室，我即打电话给陈良埙中校请示。陈在电话中答复我：“总司令只说要先看他们每个人的资料，未说要看他们每人的哪项资料。我看请胡参谋把他们每个人的全部资料都送来好了。总司令看了，我亲自送还贵科。”陈是总司令的中校侍从参谋，我是副一科主管资料室的上尉参谋。军中办理公务，“阶级服从”也是不可忽视的。我即照办，请专管调档的同事段英奎少尉立即把总司令要看的几人的资料袋全调出，交我送去侍从参谋室。唯段少尉提醒我：“向来无有整个个人资料袋离开资料室之事，若侍从参谋室要去的这几袋资料，总司令马上就看，你就等在那里，总司令看了，你就拿返。若是总司令不即看，要留在那儿一会儿，那就要请陈参谋开个收据给我们，而且开收据时，要点清每袋内资料文件的数量。胡参谋，这很重要！最好是你送去总司令就看，看了你就拿回，免得原始档袋内的资料经他人手发生变故。否则，我们资料室，乃至科长都要吃不了兜着走了。”我很感谢这位年近五旬而能写一手毛笔蝇头小楷的行伍军官段少尉处事的老练谨慎（段少尉英奎兄，山东人，少年出来当兵，由列兵熬成一名陆军少尉军官时，年近半百矣。他的毛笔小楷写得很有名。每个星期天，他都到距总部不远的南昌街十普寺去帮和尚们缮写楷书经表等功德文件。庙里供饭外，每天可赚新台币十五到二十元，这是他少尉月薪新台币五十四元以外的最大外快收入，亦是我资料室最会赚钱的同业。而他办事谨慎老练，是管理人事资料的优秀工作者）和对我的叮咛。因此我把资料送到侍从参谋室，便照段少尉的叮咛，问陈良埙中校："总司令是否马上看这些资料？"并坦率地表明，"基于我们资料业务的作业规定，我们保管的任何人事资料，都不宜经过外人之手，以防发生私自涂改等的弊失。因此，请陈中校将此拿来资料，马上呈阅总司令看了，我马上带回去。我就在你办公室等好了。"于是陈中校接过我的资料，立即送入总司令的办公室，把我向他表明的资料处理作业规定，代我向总司令报告后，请他即看资料，并说："副一科主管资料的胡参谋现在外面，等总司令看完后，他将资料亲自拿回去。"陈出来告诉我："总司令已在看资料，你就在这儿等他看完，自己拿资料回去，省得我亲自送回资料跑一趟贵科了。"我在外面侍从参谋室等了十多分钟，总司令叫陈参谋进去。我以为总司令看完了，叫陈进去拿资料还我。但陈出来未拿资料给我，却对我说："胡参谋，总司令要你进去，大概有事问你。"于是我一个人进去，先向总司令鞠躬为礼后，便站近在他的大办公桌前。这时我见他已把一个资料袋内的全部资料都拿出来，摊放在桌面上。他先看了我一会儿，然后向我说话了：

"我觉得你送来给我看的这几袋内的东西太繁杂了，使我看起来很不方便。一个人的学历表，有好几份，而且各表的格式项目不一样，到底哪一份正确可靠？考绩表年年也不一样，而且那么一大张，像张中号挂用的军用地图，拿在手中看不方便。还有些零星资料，像年资核定、任官分类等各项登记表件，大大小小，很不整齐，若不小心，也易丢落。你们主管资料的人事参谋为何不研究设计出一种便于提供主官参考的活页簿册式的个人资料卡片，将这袋内的各种各样大大小小的人事资料的东西，都汇集和归纳在那一张个人资料卡片上去？你对我的这个想法，有何意见？去，端把椅子来，坐着讲。”

他办公室内，靠墙边放着一排靠背小藤椅子。我遵示端了把小藤椅，和他隔着大办公桌相对坐定后，便向他表示我的意见：

“报告总司令，您刚说‘资料袋内的资料繁杂大小不一’的情形，不仅您看起来不便，而在我们处理这些资料的参谋作业上也感不便。而您说‘若不小心，也易丢落’的事，也并非不可能的。只是这些繁杂大小不一的资料项目和表件，都是‘国防部’下命令规定的。我们在管理这些人事资料的参谋作业上，固应该做研究与发展的努力，但也不能不遵照‘国防部’命令的规定。我个人很赞成总司令刚才向我指示的有关统一繁杂大小不一的人事资料的想法，我们最好能研究设计出一种使用简便的活页簿本式的个人卡片，把那些繁杂大小不一的各项人事资料统合到那卡片上去。唯此事涉及人事资料程序的改革，所谓‘兹事体大’，是否要先请求‘国防部’呢？”

我向总司令具申意见完了。他对我的意见，似颇满意。这时他一面命我收拾他桌上摊放的资料放入袋内，并给我另外的资料袋，我好回去办公，一面又对我说：

“此事可由第一署（主管陆军部队人事，署长为田世英少将，为孙将军同乡和清华校友）、你们副一科，会同总司令办公室研讨去办。我们自己先设计一种人事资料卡片出来后，再向‘国防部’建议。”

我回来后，便把总司令对我所做“研究统一人事资料，设计一种活页簿册式个人资料卡”的指示，报告科长李权上校和审核人事业务稿件的副处长钟自淦上校。

就在总司令对我做了有关应研究改进人事资料的面示后，大约不出一周，总司令办公室副主任郭元峤上校便发通知，约了第一署主管部队官员人事资料的第九组组长吴健伦上校、副官处第一科科长李权上校，去会商总司令交办研究改进人事资料之事。李科长亦要我随他去列席，而总司令的几位侍从秘书如沈克勤少校、徐士立少校、韦仲皇上尉，亦都奉邀参加会商。这样由郭副主任召集会商多次后，最后决定由第一署九组和副一科资料室，将现行规定所有人事资料的材料，提供给总司令办公室。然后由总司令办公室指派专人，根据提供的人事资料材料，参考美军人事手册的资料管理情形，再照总司令的意思，设计拟制在一种可将现行各项人事资料并纳在内的活页簿册式的新军官“个人资料卡”。新资料卡经呈奉总司令核可，即请总务处印制，发交第一署九组和副一科资料室使用，作为陆军军官的一种新的“个人资料卡”。三单位会商的决定，在即说即做之下，不到一月，总司令办公室就把新的陆军官长个人资料卡样式设计研制完成，呈经总司令核可时，总司令以陆军部队官员人数多，印制卡片的经费太多，故指示暂缓办理；但部本部及各直属部队官员人数少，则指示由副官处一科先行试办。是年八月，总务处着本部印刷厂将新设计之官员“个人资料卡”印制五千张，送来副一科的资料室，由我签收。于是主持办理总部及各直属单位官长个人资料卡的工作，就落到我的头上来了。

因为资料室增办这一突如其来的新官长“个人资料卡”，现有人力不够，我就拟了一个“增办本部及直属单位官长新个人资料卡所需增加人力和工作计划”签呈上去。科长、副处长、处长都同意我在计划中所提“由我到战斗团选调长于小楷书法之战斗员三十人，来部协助缮制新卡，于三个月内，新卡全部缮制完成后，一律调为本部附员，除本科留用五人派资料室专责管理新卡片外，余皆分派各单位服务”的建议。但计划呈到副参谋长董熙少将处，他召我去谈话，问我：“你从战斗团选调三十名战斗员来部协助缮制资料卡片，他们来部后，在何处办理缮制卡片，他们用的办公桌椅、笔墨文具等，以及他们食宿的安排，有没有会商总务处，获得他们的支援？”于是我把计划取回，和总务处会商妥了那些事后，我再送呈副参谋长，请他转呈参谋长。参谋长赵将军细阅了计划，把我叫去问：“缮制卡片数量多，你虽调用三十名战斗团人员来缮制卡片，但以内容项目之多，缮制不易，你有把握在三个月内将本部及直属单位之官长数千人之个人资料卡片，全部缮制完成吗？”我答：“大概可以。”赵望我笑了笑，提笔把我计划中的“三月完成”，改成“半年内完成”。然后计划到达贾副总司令办公室，他又把我叫去问了一些有关新个人资料卡的事。他以此事系总司令亲自交办，便转呈总司令亲自核判。总司令看到我拟的“工作计划书”，便把钟副处长、李科长和我都叫去了。总司令要我们务必照计划如期办好这件事，并再问我：“你主办此事，还有什么困难没有，现在再想一想告诉我。”可是我的两位上校、上司都说：“报告总司令，此事如期完成大概不会有何困难了。”而总司令却责备他们说：“实际事情由胡参谋主持，还有没有困难，只有他清楚，你们如何可以代替他说‘大概没有困难了’呢？”总司令把他们两位说得好不尴尬！于是我向总司令提出一个困难：“目前副一科资料室办公室一间，已有资料箱柜和人满之患，将来新卡缮制完成，也需制作新箱典藏，更需增加管理新卡人员，届时新增卡箱及新增管理人员之办公桌椅，现有之办公室则均无空处可以容纳，还乞早作未雨绸缪之计才好。”当时总司令即面嘱我的两位上司趁早筹划，为我解决资料室不敷需用的困难。

是年十二月初，副一科资料室奉总司令命交办的总部及直属部队官长的新“个人资料卡”，在我主持下，于工作计划定期内，提前多日全部完成。副官处处长垄至黄上校和总司令办公室主任孙克刚少将联衔签报总司令。总司令在他们签报上指示：“应给主持办理人员传令嘉奖，调部协办缮制新卡之战斗团人员三十名，全部调为本部附员，派各单位服务，遇缺优先补实。”我看到总司令的指示，十分欣慰，盖我所拟“工作计划”争取支持人力所做之建议，完全做到了。过几日，总司令召见科长李权上校和我垂询办好的新“个人资料卡”情形，我更带去刚完成之活页“个人资料卡”一册，呈阅总司令。他戴上老花眼镜翻阅了装册之活页卡片，又亲自从册内做取卡和装卡的操作，觉得很方便，便把卡册还我，对我说：

“你看这新的个人资料卡，不是比你上次送来给我看的资料袋内繁杂大小不一的各项资料，要整齐美观，阅览参考要方便多吗？你们做参谋，总要用心研究发展求进步，不可只是奉命办衙门公事。新卡片做好了，要切实做到随时的新资料之登记，不可束之高阁不管它。以后送我参考之人事资料，均送此新卡片来就可。”

我们敬礼辞去时，总司令又交代科长要给我们主持办卡人员叙奖。科长报告他，已交主管奖惩业务之参谋，正在签办中。没有几日，科里主管奖惩业务之同事陈汉勋少校，将我和协办资料卡的几位同仁，依奖惩法令规定，签报总司令叙功嘉奖。签呈和命令文稿逐级呈阅到总司令面前时，总司令忽把陈少校叫去问：

“上尉参谋胡学古，是这次奉命办理总部及直属单位官长个人资料卡之计划者和主持人。你依奖励规定给他记功一次的命令拟稿上，怎么把他级职写成‘上尉附员’了？你有没有写错他的级职？请你告诉我，他现在副一科是上尉参谋还是上尉附员？”

陈少校报告他：

“胡学古的‘上尉附员’级职，我是照本科人员现职录抄的，应无错误。他现在本科是什么级职？请总司令召问本科主管本部官员任免业务的参谋周绍儒上尉。”

于是总司令把那位副一科老资格的参谋周绍儒请去问话了。周上尉向他报告了我自愿让出少校编阶实职缺，给科里一位军校十六期毕业生、当了多年上尉附员、无缺升少校的同事李祖堂上尉，让他有机会升少校的情况后，他又把我找去问周上尉报告他的事。我便再报告：

“科里同事李祖堂上尉，毕业军校十六期。他的同期同学在总部任职者不少，都已是少校、中校，还有上校的，而他还只是上尉。这于他精神上是很难堪的！尽管他学能稍差，似也不可如此。他因是附员，占不着少校编阶实职缺，可让他升少校。我在科里虽占少校编阶实职缺，但我一九五一年四月在部队才升上尉，至今才两年多。我升少校，上尉本阶年资要满四年，全阶年资要满七年，且还要参加上尉晋等考试及格。我本阶和全阶年资都不够，我今年和明年升少校，故我占少校编阶实职缺，于我无用，对李上尉则很有帮助。所以他向我情商借缺升级；我自乐于相助，玉成他了。他说明年升了少校，便还缺给我。我还对他说，我明年仍升不了少校，借缺还不还都无关系。”

总司令听了我的报告，沉思一会儿，又对我说：

“你们要知道：军官的级职，是‘国家’政府所授，怎可私相商借的呢？像你们这样私自借来借去，还成人事制度体统吗？你们还都是人事参谋，自己这样胡来，那其他的人就更要胡来了。大家这样胡来，人事制度何日能上轨道呢？”

这便是孙总司令因我主办总部等官长“个人资料卡”成绩尚佳，给我“记功一次”的人事命令上，我的级职是“上尉附员”的缘故。而我在陆军总部工作三年多中，这也是我受孙总司令当面训斥的唯一一次。

这年四月一日，孙将军就职陆军总司令的两次任期届满后，蒋介石“总统”发表命令，调他任“总统府”参军长的新职，新任陆军总司令为台北卫戍司令的黄杰将军。这时我们总部各单位，便开始为孙将军离职移交的准备事忙碌起来。我请求科长李权上校，刚办好开始启用的新“个人资料卡”，系奉总司令指示创建，不属“国防部”规定的人事资料类项范畴内，要不要列入移交清册内？是否应先去请示总司令一下？

于是李上校便带了我一同去见孙将军请示。孙将军指示我们：

“新创建之陆军官长个人资料卡，你们虽是奉我的命令研究创设出来，但它是用公家的人力、物力和金钱建办起来。这是公物，非我私产，怎么不列移交呢？难道不移交，还搬去我家里吗？我家里要‘个人资料卡’做什么？”

因为卸任新任的两位总司令之各项业务交接手续，须在是年六月底完成，故各单位业务承办人员都为办理“自己交给自己”的业务移交清册，忙得不亦“热”乎（台湾五六月天气，已开始热了，办公室人又多，又没有冷气设备，连电风扇也没有一台，而孙将军还不许在办公室内脱掉上身军服）。就在我们资料室同仁于处理各人日常业务之余，又在大忙办理“自己交给自己”的各人主管资料业务移交册时，总司令的另一侍从参谋温哈熊少校，给副一科资料室打电话，传来总司令的指示：“总司令在七月一日离开总部前半月之内，要召见本部科组室以上各单位的正副主官话别。请胡参谋先把他们的‘个人资料卡’都预备好，以便总司令分别召见他们时先行呈阅。总司令每次召见哪些人？召见多少人？我事先都会与你联络。”所以我自六月中旬某日以后，每天除和资料室同仁一起办理业务移交之事（因为每一位同仁的业务移交册上，我都要以资料室主管参谋身份签名盖章），只要侍从参谋室和我联络的电话一打来，我还得马上亲自将奉总司令召见话别的科组室以上单位正副主官的“个人资料卡”，送去交给温哈熊去呈阅总司令。这样，温哈熊少校和我忙于照应总司令召见总部单位正副主管话别之事，直忙到总司令离开总部的前一天。这是我在陆军总部工作三年多中，为孙将军服务的最后也是最忙的一次。

孙将军本应在七月一日移交离职，但因驻韩美军第八军军长符立德将军飞来台湾访问，蒋介石“总统”为接待贵宾，要孙将军仍以陆军总司令身份，奉陪符立德将军访问陆军部队，乃下令特准孙将军陆军总司令职务延后三天移交新任。故孙将军和黄杰将军的交接典礼在七月四日上午举行，由新任参谋总长桂永清将军监交。我们总部同仁都参加了交接典礼，并都列队热烈鼓掌欢送孙将军离开陆军总部。

孙将军在台湾的陆军训练司令和陆军总司令任内，他平日爱护其部属的风范，特别是重视他们的工作和关心他们的生活；而且阶级越低的部属，越能得到他的爱护、重视和关心。这个情形，在陆军里知道的人很多。像他的那个在台南某地训练的幼年兵总队里的娃娃兵（都尚未成年），遇有什么困难问题的事儿，都可直去凤山闯进司令官的办公室，或是找到他屏东市的公馆，去见孙将军求他帮忙解决，而孙将军再忙也必亲自接见，他的侍从人员从不加以禁阻。他做陆军总司令，看部属幕僚呈上去的公事稿，如发现不妥当或不了解处，便把承办人找去他面前直接问话或者讨论，如问话或讨论时间稍长，他就命承办人自己搬个小椅子坐下来说话。只要总司令在办公室，任何级职的部属，因公私事故要见他，都可见到他的。我在陆军受训和服务期间，都是尉级小军官，所以我现在特将自己在陆军总部工作时，曾亲蒙他爱护、重视和关心的故事，详记于上。

小记小故事五个，都是三十多年以前的军中往事。于今追忆，真是“往事如烟，不堪回首”。可是一旦说了起来，又“往事历历，如有眼前”。我谨以这五个小故事，来表达我对这位中国的杰出将领，我的老长官，孙立人上将军的忆念。

原载一九八八年四月十四日《李敖千秋评论业书》第七十八期

本文摘抄自作者《对老长官孙立人将军的忆念》

小故事十则

张堂锜　辑

玩跷跷板受伤而休学

孙将军在清华时对运动有深厚的兴趣。有一天差不多要上课时，大家玩跷跷板，不像现在那么安全，就是一根横板，中间一个眼，套上以后，两头都在那边上，不安全也不稳当。正好他在上面的时候，另一个在下面；一摇铃，那人就跑了，而他也就摔下来了。摔下来把输尿管砸破了，于是就进了协和医院。那时正是寒假以前要考试的时候。医生要他晚一个礼拜出院，说：伤口还没有好，最好不要出院。但他急于回来考试，不考试是要留级的。这一赶回来，伤口收缩，尿不出来而且随时向外渗透，真是痛苦。考了一半，不能考了，又进了医院。在医院也没有治好，等他又回来，考试也过了，结果因此休学了一年。

弃土木，改读军事

孙立人在清华学校毕业后，无条件的被资送美国留学。照当时清华的学制和程度，相当于美国大学的一年级，所以，他到了美国考取普度大学工程的二年级，研究属于土木工程的桥梁工程学。可是他在大学获得了学士头衔，就不愿再深造去读硕士和博士班；急转直下的拐了个一百八十度的弯，考进了弗吉尼亚军校，打算从此投笔从戎。这个弗吉尼亚军校，在美国是仅次于“西点”的，如五星上将马歇尔，也是该校的毕业生。

孙立人的座右铭

孙立人治军极严，凡是税警老四团和缉私总队的官兵，全知道有四句响亮的口号：“经济公开，用人公开；训练严格，管理严格。”这四句口号，也可以说是孙立人的座右铭。举一个例说：孙立人在编练税警时，军需方面的官佐都是由盐务总局所指派，他没有任用半个私人，而且也不在公款中支一笔特别的费用。人事方面，讲求的是人才主义；他部下的上尉参谋，有时可能保举为一位中校级的军官。他只看重人才，不问介绍人的地位高低。至于训练管理严格，那是人尽皆知的事。

小地方，大经验

当年从缅甸撤退时，爬野人山。在山上，有一次，某人在冲牛奶，喝完后，把空瓶子甩掉。孙先生看到了，自己去把它捡回来，又冲了一杯，他自己喝，然后他说：“空瓶子不要乱丢，要把它掩盖起来，免得留下痕迹，让敌人跟踪。”——从这里看出，他是“小地方，大经验”。

三十八师一向纪律严明，服装整齐，背包和枪要随时抓好。有一次，因为休息的关系，有人把抓的枪一放，孙先生看到，“唰”的一声，马鞭打过来，没有打中；撤退时，匆匆忙忙，他也就算了。

点名注记，观人如神

孙先生的观人最重“点名注记”，经过仪表的观察，做成记录，分为 A+、A、B+、B、B–、C 等，没有 A–。凡是在 B 以下的，其他条件再好，人事任用也一定打回票。这么注重点名注记，孙先生可能也相信命理吧。光凭观看一个人的仪表，来断定一个人，好像很不理性。可是，孙先生观人之准有两个例子可谈。第一，郝伯村的点名注记是 A+，全陆军唯一的。第二，有一个人要派去受训，因为点名注记是 B–，被打了回票。先后申请好几次，结果都未能如愿。同事们很同情他上进学习心，点名注记被人改为 B+，多了一竖，真的申请受训就通过了。后来，这个人与妻离婚，六亲不认，忘恩负义。

用人唯才，谁也不卖账

孙立人最痛恨奔走钻营之徒。他要用人才。别人推荐的人才，即便副总司令都通过了，也不行。老部下也没占便宜，他公开说过：“旧部下、新部下，都是我的部下。”他，是用人唯才。可是，他曾坚持要参谋大学前三名的人，报到“国防部”,“国防部”不准,“国防部”派来的，他也不理。他这个人“刚愎自用”，谁也不卖账，得罪了不少人。

夜间远看背影就能叫出部下名字

有一天孙立人向部队说：“星期日，新埔街上，六个团、六个总团部直属营都有士兵在街上走，有时同途就是四五十人同一方向行进，我在他们后面一看，就可清楚的认出其中哪几个是第四团的兵。因为他们的体形步伐速度不一样，你们没有注意吧！”又有一次他在纪念周上说：“全团官长、班长、下士以上的，白天在一百五十公尺，夜间在只要有点点月光下，三十公尺之内，人向前走，我在后面一看，我可以喊出他的名字来。”

准尉竟敢骂将军

有一次，一批粮食、弹药刚运来卸下，一个军械上士还未开始摆好，被孙立人看到，他拿马鞍打军械上士，说：平时怎么训练你的，东西摆得乱七八糟。其实是东西刚送到，他不晓得。这时一个准尉说："你昏了头，你要打，打我，怎么打他呢？这个事情是我负责的。"这要是换了别人，一个准尉敢骂师长，还得了？一定会处分关禁闭！但是，孙立人不然，却升他做排长。

援英军，君子协定

第二次世界大战期间，英国史林姆将军要求孙将军无论如何要立即渡河攻击援救，否则英军可能瓦解。后来孙将军一再地解释利害，并且请史将军打电话通知斯高特师长务须再忍耐一天。史林姆将军正在犹豫不决的时候，斯高特师长又打来了第二次告急的无线电话，说是被围的部队已经到了最后关头，再也不能忍耐一刻了。史林姆将军脸上显然是变了颜色，他凝视着孙立人将军，目光慌乱，神情紧张，但孙将军的态度却依旧是一样的平静，并再请史林姆将军转告给斯高特师长说："贵师既已忍耐了两天，无论如何还要坚持这最后一日，中国军队一定负责在明天下午六点钟以前，将贵师完全解救出围。"无线电话中又以焦急而怀疑的语气传来"有无把握"的询问，孙将军截金断铁地回答他说："中国军队，连我在内，纵使战到最后一个人，也一定要把贵军解救出险！"这句话使史林姆将军大为感动，和孙将军郑重的紧握着手，认为这是一种“君子协定”。

一生把清华当自己的家

孙立人在清华待了九年，始终把清华当作是他的家，他的小孩，孙中平、孙太平他们考学校的时候，本来第一志愿要填台大，他就说不要，这不是他专制，而是他总觉得，他的学校比别人的学校都好。像中平，她们同学在北一女的时候都好强，一堆人都考台大，她就考“清华”。安平呢，考研究所的时候台大和“清华”都考上了，台大还考第二名，他回来问孙立人究竟要进哪个学校，他就说进“清华”。他一直把学校当成自己的家。

原载一九九〇年十一月二十日《“中央”日报》

将军言行简记

第一萧

我和孙将军既无瓜葛之亲，又无桑梓之谊，孙将军在我朋友手上看到我写的隶书，正好他喜欢隶书，就要我的朋友邀我去充任记室，那时我在宪兵司令部工作，一时离不开。直到民国三十三年冬，我才到达那边，那时孙将军已是新一军军长，他赋予我的职务，是处理公私函件及一般应酬文字，还要我有暇多看点书。自此由印缅、而桂粤、而东北以至台湾，常亲左右者，达数十年，兹将其言行，就记忆所及，简述数端。

△老天有眼：这是孙将军的口头禅，他时常说："做人做事，总要光明磊落，不要鬼鬼祟祟，因为老天有眼。"

△我信这里：孙将军的亲家刘弋斯，曾经问孙将军信什么教，孙将军指着自己的心口说："我信这里。"这正和达摩传法、直指一心相吻合。

△我心难安：孙将军率三十八师在缅甸仁安羌，援救英军七千余人出险，获英国皇家勋章，《"中央"

日报》随军记者戴广德、《大公报》记者吕德润与孙将军谈到此事，孙将军感叹地说："这个勋章，是我弟兄们血肉换来的哟，我一个人赏受荣誉，我心实在难安呀！"

△官久必穷：有人谈到某中将自鸣得意地说："我，论学历不过是中学毕业；论贵嘛，官拜中将；论富嘛，官久必富呀。"孙将军说："为官哪有工夫去发财咧，只有官久必穷。"

△开良心会：通信指挥官吴灿祯曾向孙将军进言："谓当今社会环境，为人不宜太方刚，有时不妨运用老庄哲学。"孙将军说："国家到这个地步，大家应该拿出良心来做人做事。"于是成立"良心会"，每月开会一次，大家凭良心说话，检讨工作得失，在凤山营区，高标"诚拙"两个大字，教大家说实话、做实事，不投机、不取巧。

△为民表率：在一次宴会上，经国先生说笑话，正是大家哈哈大笑，经国先生忽然中止，大家请他继续讲下去，经国先生说："有人不高兴，不好意思讲了啊。"原来孙将军正襟危坐、表情严肃，经国先生见状，所以中止。事后，孙夫人对孙将军说："你太不给人面子了，令人难堪。"孙将军说："我们在座的都是国家的领导阶层，应该为民表率，怎么可以和市井粗人一样，何况还有女眷在！"

△爱惜物力：孙将军生活俭朴，一条马裤，前后两个圆补疤，是常见的；袜子破了，补了又补；在

营房会餐，餐后必巡视餐桌，看有无掉落饭菜。民国三十九年阴历元旦，三四〇师师长胡英杰向孙将军拜年，孙将军说："拜什么年，走！跟我去看部队。"看到某部队的厨房里，炊事兵横一个直一个地躺在地上，醉醺醺的，孙将军指着地上一堆堆的锅巴，问炊事兵："这是干什么的？"炊事兵说："喂猪的。"孙将军捡一块放在口里："好香啊！这么多这么好的东西，拿去喂猪，多可惜！难怪你们说一天二十四两米不够，这么浪费，四十八两米一天也会不够，国家这么穷困，你们不知节省，真该死！"顾炎武说："其心不敢失于一物之细，而后可胜天下之大。"将军有之。

△肩章制服：美军顾问团开酒会，邀请孙将军参加，孙夫人把一套美国呢军服拿出来，还装上联勤总司令黄镇球赠送的克金上将肩领章，给孙将军来穿，孙将军说："用不着换。""为什么？""这套军服的料子是美国的剩余物资，赠给我们的，我穿着向他们摆阔，心中是什么滋味？我身上穿的人字布军服是我们自己国家的制服，为什么要换？"

△收复失地：缅甸，自一八八五年，英以法并安南、利益均沾为借口，夷为属地，与云南交界处，一直为中缅未定界。民国三十四年，新一军与日军战事将告结束，孙将军向委员长蒋公建议，就新一军未回国前，将中缅未定界和英国划定；日本投降，新一军奉命接收广州，孙将军又建议把港澳九龙等地一并接收，委员长恐引起国际纠纷，均未同意。

△效忠蒋公：孙将军效忠蒋公，可以从民国十六年秋说起，那时他从美国学成回国，去见许世英静仁[①]，许氏对孙将军说:“当今有两位将领可以去投效的，一是蒋先生，一是冯先生，你愿意投哪位？”孙将军说：“当然是蒋先生。”于是从蒋公由党务学校学生大队长起，而陆海空军总司令部侍卫副总队长、新一军军长以至陆军总司令、“总统府”参军长，对蒋公之忠诚，不折不扣。民国三十八年，蒋公以在野之身，由菲律宾赴台湾，孙将军接到电报，马上挑选体格壮健、思想纯正之士兵，编组警卫队，为蒋公警卫。蒋公到达之日，孙将军上船迎接，蒋公问孙将军说：“到自己的‘国’，谁敢说话，至于安全，有我在，没有问题。”一九五五年移居台中，离开台北时，交代我每逢新年及蒋公寿辰，写信给蒋公拜年拜寿，及蒋公逝世时为止。蒋公逝世，孙将军很想北上拜奠，听说“国防部”不准假，所以孙将军终其一生效忠蒋公。孙将军对蒋公之忠诚如此，请看蒋公对孙将军是怎样的呢？胡适之、蒋廷黻由美“回国”，总每次去和孙将军晤谈，还有叶公超也间或去孙公馆谈谈，蒋公知道了，用申斥的口气对孙将军说：“你少跟那些政客来往！”又曾对孙将军说：“我要孤立你呀”，“你练兵还可以，打仗你不行呀”。

---

① 许世英，字静仁，人称静老，他与孙将军之尊翁，系同榜举人，且有金兰之谊，甚器许孙将军，方孙将军任陆军总司令，许氏致书嘉勉，有云：“吾皖李文忠，段执政，兄皆见之，愿得弟而三焉。”

所谓“郭廷亮案”发生，监察委员曹启文上万言书给蒋公，蒋公把万言书甩到地上，还踩几脚，并禁止曹启文出境。孙将军之忠于蒋公者如此，而蒋公对孙将军者如彼，故杨朱有言：“忠不足以安君，适足以危身。”庄子也说：“人主欲其臣之忠，而忠又不信，故任员流于江；苌弘死于蜀。”

△与黄埔系：孙将军虽然不是出身黄埔军官学校，但和黄埔的实际关系颇深，曾任他的直属长官的有黄埔一期的黄杰、杜聿明、郑洞国；他的部属有黄埔出身的董嘉瑞（台湾防卫总部副总司令）、新一军的三十师师长唐守治、三十八师师长李鸿、五十师师长潘裕昆，其余团营连排长，绝大多数是黄埔出身的学生，其中除杜聿明外，都和孙将军相处融洽，还有黄埔出身的新六军军长廖耀湘，和孙将军在印缅、东北并肩作战，两无猜忌。民国三十五年冬，廖氏曾亲笔信致孙将军云：“……东北局势，当初以兄我二人，可以底定，不意演变如此状况……”还有台湾第四军官训练班是隶黄埔军校的，孙将军兼班主任，校长关麟征雨东，民国三十七年冬，视察第四军官训练班，他与孙将军也谈得来，又孙将军如需下级干部，则请求黄埔军校，分发应届毕业生，可见孙将军对黄埔毫无歧视之意，倒是黄埔系歧视孙将军的则有之。民国三十一年，孙将军率三十八师入缅甸，隶属第五军，军长杜聿明，当初因战事不利，杜聿明要率部回云南，孙将军建议：“回云南，必经野人山，雨季将到，野人山

不易过去，不如向印度转进。”杜氏不同意，说：“你去你的印度。”还悻悻地说，“儿子亲生的好。”民国三十四年一月，新一军攻下缅甸南坎，黄埔系办的《扫荡报》昆明版报道是新六军攻下的，实则新六军于三十三年冬已经回国，我们函请《扫荡报》更正，相应不理。

到了台湾，孙将军以陆军总司令职位，到新竹校阅第六军演习，黄埔出身的某军长竟避不参加，及校阅时，受校部队竟向司令台高地实弹射击，随从秘书沈克勤同孙将军站着屹然不动。而应声倒地的两位军官竟是第六军两位军长。孙将军回至住处，立派政治部副主任古焕谟前往吊慰死者家属。所谓“郭廷亮案”，黄埔系推波助澜、落井下石的，闻大有人在。

△与张发奎：民国三十四年，新一军由缅甸回国，配属第二方面军，司令为张发奎向华，孙将军与张氏上下融洽、合作无间，张氏并盛赞新一军士兵，执行命令非常认真彻底。

△与周至柔：孙将军与周至柔始善终恶。民国三十六年冬，周至柔、汤恩伯和孙将军三人同游南京紫金山，行径中山陵，周至柔提议：“我们三人当国父灵前，结为兄弟。”孙将军恪于伦理说：“你们二位都是军中前辈，我是晚辈，不敢僭分。”到了台湾，周、孙二人私交还好。及周氏任参谋总长，每因公事意见不同，便时相龃龉，在会议席上时常不欢而散，二人争执闭嘴的场合简直指不胜屈，兹举两事为例：为了

主官加给，周至柔主张空军从少尉起、海军从上尉起、陆军从少校起，换句话说，就是空军比陆军高两级，孙将军很不以为然，气愤愤地说："你是空军，'总统'是陆军，你比'总统'要高两级啰！这太不公平。这是'三军一家，如兄如弟；三军一体，如手如足'吗？"闹得很不愉快。美国陆军部送陆军军用器材给陆军总司令部，由周至柔转交，周氏交给空军总司令部，后来美国陆军部要收据，周氏要孙将军出具收据，孙氏当然不肯答应，又大吵一场，周氏气愤愤地说："我们三军中，有一个糊涂蛋！"孙氏不示弱地答复说："我们之间，总有一个，不是我就是你呀！"如此久而久之，因而交恶。

△与外国人：民国三十一年，孙将军率师入印度，到英法尔，有英国陆军少将未照陆军礼节去见孙将军，孙将军叱问他，为什么不按陆军礼节，那位英国少将，只好乖乖地行礼如仪。史迪威将军以中国战区的参谋长身份兼驻印军总指挥，孙将军属他指挥，两人意见时常相左，史迪威每怪孙将军不听他的话，只听蒋介石的话。美军顾问团团长蔡斯和孙将军为了公事，时常争吵，甚至拍桌打椅，为了陆军部队的军医单位编制，蔡斯要看护兵兼汽车驾驶，孙将军极力反对，二人吵得很厉害，孙将军说："我们中国人，不像你们美国人，每个都能开汽车。"最后，把蔡斯折服了。

△对于政工：孙将军认为军队就是军队，不宜附

有别的单位，纵然要兴政工制度，那么政工的性质，要采传道式的；工作态度，要像传教士的精神。

△我没有事：一九五五年六七月间，台北盛传孙将军叛变，谣诼纷纭，甚嚣尘上，七月三十一日，国军军事会议闭幕，陈“副总统”训话，称“近来‘匪谍’活动甚厉，孙参军长部下有个‘匪谍’，所以孙参军长已引咎辞职”。八月三日星期一，我于早上七时，到南昌街孙宅去看孙将军，这时孙宅已驻扎武装宪兵一排，气氛和往常是完全不同了，孙将军见着我，说了一句：“疾风知劲草，临难见交情。”我说：“最近外间谣言，说您如何云云，到底怎么回事？”孙将军说：“他们要说，我有什么办法，等到我说话的一天我有话说，我如果胡来的话……（详九人会议），所以我没有事，你们不要担心我。”

△九人会议：一九五五年八月二十日，“总统府”发布命令，指出孙将军因“匪谍”郭廷亮案引咎辞职，并请查处，并派陈“副总统”为主任委员，组成九人调查委员会，彻查本案。遂于八月二十六日下午三时开会，孙将军准时到达，委员们一个都未到，他躺在沙发上呼呼大睡，到开会时，委员之一的许世英以父执辈的身份，大骂孙将军为什么这样胡来，引发孙将军的少爷脾气，理直气壮地慷慨陈词起来：“我孙立人，生平只晓得国家民主，忠于领袖，从不胡来，如果我要胡来，三十七八年，大陆兵荒马乱，政府自顾不暇，我在台湾，可以胡来；三十八年，政府迁台，如果我

胡来，把海口封锁，不许中央的人员登陆；我当陆军总司令，六十万部队，我一手训练的，兼台湾防卫总司令，有指挥作战权，如果我胡来，那时尽可胡来，现在我一兵一卒都没有，还想胡来，三岁小孩都不会这样蠢！”又有人问：“根据总政治部发出来的调查资料，说你侦察阳明山的地形，准备包围‘总统’官邸，是怎么一回事？”孙将军说：“‘总统’官邸和阳明山地形，我熟悉得很，还要侦察吗？我是和副总司令李振清合伙买块地皮，后来我的卖掉了，李副总司令现在还住在阳明山咧。”“调查报告又说你七月某日，请假南下准备兵变，又是怎么回事？”孙将军说：“那次是我生了小孩而南下。”又问：“那么这些笔录，都是你部下的口供，你看一看吗？”孙将军说：“这些小孩子的口供，看什么，你们如果相信的话，尽可去调查，只要有事实和证据，枪毙我就是，我自问没有对不起‘国家’和‘总统’之处！”说到这里，他把上衣袒开，指着身上的伤疤说：“这是什么？这是为什么？”许世英对陈“副总统”说：“辞修，孙立人没有错呀，不该杀，你如杀了他，我和你拼老命！”九人委员之一的司法院院长王宠惠亮畴，听完孙将军的话，流着眼泪说：“我站在法的立场说，凡事要讲事实，人证物证，这件事，大家只说是上面交下来的，可是没有事实，人证物证；而孙将军说的都是事实，有人证物证，这事我们怎么好办？”王云五岫芦说：“这事既是上面交给我们处理，我们不能不向上面有个交代，本案孙将军本人虽然没有罪过，可是他的部下是‘匪谍’，他管教不严，有失察之过，也应受点处分。”这幕剧就此闭幕。可怜一代名将竟不懂，许世英在为他做反面文章，事后还怪静老，不该骂他哩。

△不祥之兆：民国三十四年五六月间，缅甸战争胜利结束，新一军待命班师，军事委员会的话剧第三队到腊戍劳军，演一出《风波亭》（岳风被害处），当时有位同事对我说：“不祥之兆。”郭廷亮案发生，秘书韦仲凰捏个字来卜吉凶，捏个“羑”字。羑里，文王被囚之处，孙将军正印证这两个兆。这虽然没有科学根据，可是竟然与事实相应，难道是吉凶之彰、始于征兆吗？

孙将军生平，以我个人的体察，实在是诚正修身、公忠体国，譬如在凤山办的陆军子弟学校和两个眷村，都以“诚正”二字名之（后改为黄埔新村），军中发行刊物，名《精忠报》。我承办数十年函件，无一为身家计者，他心中真是皭然不滓，张佛千说将军“政治白痴”，我更说他心地白雪，但因他秉性刚方、直戆，严是非善恶之辨，又因才识卓越、学历特出，难免招致妒忌。说他恃才傲物者有之，说他挟洋自重者有之，事实证明，这些蜚言蜚语实在是多余的。至于有人评论孙将军个性太强，应该随和一点，这话论做人，当然很对；但如果论做事，就值得商榷了，如孙将军随和的话，就不会有辉煌的勋业了，他不随和，正是英雄本色，也就是孟子所谓“不以三公易其介也”。

将军貌似冷严，实内心慈祥，重情感。有少年兵某，罪当死，将军怜其无知，不忍行刑，“记死一次”，冀其自新。将军居台中期间，每年到台北做健康检查，我去看他，他必留饮话旧。一九七九年夏，我由美“回国”，适将军在台北，访我于五层楼寓所，并邀餐叙。前年他复我的信说：“数十年中，彼此荣辱与共，患难不忘，情意殷拳，诵之再三，既有悲慨，而尤多欣幸也。”

书经有云：“不矜行细，终累大德”，今逢将军逝世周年，爰述其生平小节，以见其大。至于是非功过，后世史家自有定评也。

此本文摘自作者《孙立人将军言行简记》

（作者原注：文中有关人士，除“总统”“副总统”及孙将军外，一律直呼其名，失敬之咎，祈读者谅之。）

往　事

赖卓先

自我们部队回国，便常有对我们有损的传言。但是，在那一阶段的传言，也许是由于一种嫉妒而起。由于部队自国外回来，无论阵容、军纪都在一定水准之上；加上装备又优异于其他部队，并带着享誉国际的胜利战果。这就难免惹起别人吃味了！

自公来台训练新军，直到一九五〇年之后，仍然有很多的谣传。综观这一连串中伤耳语、谣言，绝非来自敌的中伤仲公。

我认为此一阶段的谣言，绝不同于往昔了，这都是有计划、有系统、有组织的阴谋打击！

其中表露无遗的，便是言而无信的诱捕李鸿、陈鸣仁将军等诸位长官。仲公在他们未来台湾之前，便向“总统”蒋中正请示：是否可以让他们来台？而“总统”当面承诺允其来台，再任军职。不料李将军等人来台后，不仅未获任用，并且在毫无事证之下，惨遭逮捕！在不审、不判、不闻、不问之下，在黑牢中度过了数十年的非人生活！在蒋中正“总统”逝世后，始以战时军律做形式的判决。世界哪有羁押侦察数十年而没判刑的案例，这种玩法弄权的做法，不是寡头政治的产物，为何？

李鸿将军等被判决的理由，说是守土有责。

诚然，李鸿将军当时是防守长春者之一。但是，长春的总指挥却是郑洞国将军。

当时长春已被包围，几近一年的时间，城内守军早已弹尽粮绝。在外无援军、内无补给的恶劣情况下，即便突围，亦已无能为力了！部队缺粮，连阵亡者的尸体都彼此争食。像这样凄惨的情形下，任何人亦难挽回局势。

仲公却未理会已经浮现眼前的阴谋，成天全心全力把部队训练好，期能保卫台湾安全。这也许就是正直君子，从不会去留意那些旁门邪道的动作。可是，这就是“○一四”整我等的专案，采取行动前的警讯！

民国三十七八年，人们是一片沮丧，可是在凤山新军训练基地，却是朝气蓬勃、生龙活虎般的健儿，赤膊、红短裤，在操场，在野外，接受最严格的战技训练。在精神方面，把军队必胜的意志锻炼得更坚强！

当时常有国际友人前来参观，都感到耳目一新。并获得国际舆论最好的评语。

仲公在凤山新军训练，给“国家”造就了许多中下级干部，提供了军中干部的资源。让在台澎金马的军队有了坚强的骨干，也有了新风气！

就因为仲公为“国家”造就了许多军中干部，可是，在小心眼人的眼里，却如芒刺在背，寝寐难安！

仲公却认为，自己所做的，只要有利于“国家”的事，就不必管别人如何错估自己的动机！

那时正是叫出“一年准备，两年反攻，三年扫荡，五年成功”的响亮政治口号。可是大家对这梦呓般的口号，信任度有多少？谁也没有胆量敢公开表示怀疑的态度。仲公却能洞烛先机，仲公当时的远见，却又开罪了当权者。说是仲公唱反调！这论调充分表示，不随声附和，便会被带上一顶唱反调的帽子。其后果，绝对是非常严重的。也许当时的情势所需，没有对仲公采取不利行动，可是又给记了一笔黑账。

仲公能获万千官兵的信任、尊敬，舆论一直地支持赞赏，就是因能公忠体国，不为一己之私，刚直不阿的风格。但是，以视国家为私产、人民为奴仆的人来说，仲公却侵犯了他们既有的利益。

因此才有一九五五年五月二十五日的“南部阴谋事件”的剧本出现，可惜这剧本的编导，技巧上实在太低劣、太过荒唐，漏洞百出，毫无与事实相符的情节。反正是以强权要观众接受捏造的剧情，当然就不必考虑剧情的通达与否！

仲公就在这“莫须有”的剧情编导下，即以六不方式——不杀、不审、不问、不判、不抓、不关——来处理。就在这毫无法理的支持下，幽禁了三十三年。这真是旷古悲剧！并且，凡是与凤山新军训练扯上关系的，都会直接间接地受到严重的伤害！甚至打入黑牢，严刑逼供，要受冤者承认他们提示的、所需要的口供。

他们为了执行“〇一四专案”之目标，多少忠心耿耿的爱“国”军官，丧失为“国”效命的机会。又有多少人，妻离子散，家破人亡。幼小的子女们，在校就读，常被教官叫去写自白书。谁与这些孩子们接触，谁就会被教官叫去警告一番。可怜这些年幼、纯洁的第二代，却都不放过他们，亦被列为摧残的对象！在他们心理上，投下恐怖的阴影，这又何异帝王时代株连九族？而年幼的第二代，又何其不幸，遭此摧残！

被打入黑牢的“〇一四专案”受害人，后虽经释放，然其行动仍受到监控。定期向有关单位报到，这是对受害人最低的设限要求。并且警察或情治人员，会常到受害人家“访问”。有些受害人，竟受不了这经常的骚扰恐怖，患了神经病，而住进了玉里神经病院。有的受害人经不起那残酷刑法折磨，竟也被逼成神经病，也住进了玉里神经病院。这一连串的残害，他们该心满意足了吧！但是，真理、是非却是用强权涂抹不掉的！即便涂抹于一时，亦逃不过时间的考验。虽然，制造“南部阴谋”事件的人，昧着良知，但也抹不掉留给历史的一大污点！

仲公，你在世之日，我们没有诉说过这些，恐怕影响你老人家的健康。只怪我们不幸，生长在这一不幸的时代！我们只有流泪人观流泪人！

仲公，你一生光明磊落，做事负责任、敢担任，处世为人永远是站在阳光下。可是却难防自黑暗中伸出的毒手!

当“〇一四专案”执行之初，仲公的行动已受到限制。有形与无形的监视人员，埋伏在屋里屋外。此时，如果是一位没有担当的长官，一定设法溜走了!虽然有人说，如此严密的监控，哪能走得了?仲公当时具备主客观因素，却可叫那些人无可奈何地一走了之。当时也有旧属建议，为了自身安全，应该走避。可是，仲公却严肃地表示：“我是中国人，绝不离开自己的“国家”……”

如果，当时是一位没有担当、不负责任的长官，只顾自身安危，而潜居“国外”，可能给阴谋者更多借口的机会，而随心所欲编造谣言，欺世欺人。但活证人仍留“国内”，不能说不影响他们的顾虑。如潜居“国外”，即便有万千种理由，亦难令人信服。我们何其不幸，而有幸地追随了这样一位有担当、有责任感的长官。仲公如若真是一走，剩下我们这群“卒子”，不完全被宰掉才怪!

但是，我们却有信心，仲公是一位有坚定民族自尊心的军人。绝不会跑到外国土地上去叫骂!现在事实证明，的确是如此!

因为，仲公敢于面对现实，置生死于度外，胸怀坦然，不惧强权，终于以时间换取了今天的是非分明。

仲公，你最大的胜利，是上天赐予你老人家长寿!

设计陷害你老人家的，都已先你而去。虽然，残余的阴影仍未完全消散，但已在逐渐开放言论自由，实施政治民生！

我们当感谢《自立晚报》记者李文邦先生。李先生曾冒着半掩半开放的禁忌，费了经年累月的心血，避开监视者的耳目，算是皇天不负苦心人，终于如愿访问到被幽禁三十三年的老将军！

这是三十三年以来，第一次报道有关仲公幽禁中的生活情形。李文邦先生的这篇报道，刊载于一九八八年二月二十五日的《自立晚报》。由于这报道，引起了“立委”们的质询，舆论站在公义立场，连续数月之久，刊载为老将军讨公道的新闻，或呼吁政府弥补伤痕！应立即恢复老将军自由。

许荣淑“立法委员”，更是积极地、抱不平地义正严词，连番质询“国防部”，并誓言如不见孙老将军恢复真正的自由，决不罢休！

因此，官方才在舆论及民间代表的追踪下，撤走监视长达三十三年的特务。算是在社会之下，使得官方勉为其难的情况下，恢复了仲公的自由！

仲公终于在大家期盼下，重见光明。旧日袍泽，都为这喜讯欢欣！有的人，兴奋地热泪盈眶；有的人，却恐怕别人未获知此项喜讯，相互走告！

三十三个年头以来，第一次记者可以自由访问。仲公却说：“我这个年纪的人，自由对我来说，已无多大意义。只是，因我而黯然下台，或前途受阻的部属，牺牲了继续为‘国家’奉献尽力的机会。这是我一生中最大的歉疚！尤其一些受到伤害最深的，希望政府还其清白！”

当记者问及仲公准备如何平反呢？仲公却答："我从未反过，何平之有。"

仲公，在你恢复自由之时，并未带给你太多的兴奋！却只念念不忘这批受到伤害的部属、学生。

自仲公恢复自由的消息，经新闻媒体传播之后，便有络绎不绝的旧属、"国内外"学人、民意代表，以及社会各阶层人士前来慰访。有的记者，一见着仲公便拥抱而泣。部分旧属，带着全体家人，却依古仪，行跪拜大礼。此情此景，感人场面，莫不令人心酸、感动！

仲公虽遭到莫大的深冤，及长期残酷的折磨！但是，你老人家能得到的，他们却不能。

一九八八年，是仲公从幽暗中走出，能呼吸自由空气的一年。

长期失去自由，能恢复自由，应该是件喜讯，刚好这一年，适逢九十大寿，可说是双喜的一年！

诸多旧属、学生，计议要为仲公庆贺一番。可是仲公却反对劳师动众，麻烦大家，复经再三再四的劝说，仲公仍持反对意见，最后，大家只好恳请璧姑出面，仲公才算勉强的应允。

谁也料不到，一群热爱、崇敬仲公的旧属，打算给他做人生仅有的九十大寿时，却遭到重重的阻力！想来，我们生活的空间，实在太狭窄！

此文摘自赖卓先《悼念仲公，追忆往事》

“孙立人事件”之剖析

李　瞻

一九五五年七月，本人前往日本参观新闻教育与新闻事业。某日在东京旅舍突然发现《朝日新闻》头版刊出两行特大字号之通栏标题，内容是：“唯一击败日本皇军的孙立人将军，已被 ××× 扣押！”这项消息，使我极为震惊！因为孙将军是我最敬佩的长官之一，其中主谋郭廷亮是我的好友，还有很多人也是过去的同事，这些人怎么会发动兵变？

“返国”后，我想去探望郭廷亮，但被严词拒绝。

该案曾由蒋“总统”任命九人小组负责审理，其中王云五先生是我的恩师，他商务印书馆用人，也经常嘱我推荐。因此我想尽方法利用机会，希望从王老师处获悉这个重大事件的真实性。最初六年，王老师总是说：“这件事，不能说……”直到第七年，他看我用意至诚，经过仔细考虑后对我说：“这件事，我只能这样说，孙立人与郭廷亮是中华民国的模范军人！”

有关该案的报道与著作很多，我也听过很多第一手的权威叙述，综合原因如下：

一、自民国三十八年初，美国鉴于国民政府的大陆失败，又不愿意台湾落入共党之手，因之乃有“驱蒋拥孙”之计划，此为该案发生之基本原因。

二、孙将军对美国之条件坚决拒绝，他绝对效忠“国家”、效忠领袖；宣称必须在蒋“总统”的领导下保卫台湾。

三、蒋“总统”对孙将军期望殷切，准备将军队整编、训练与指挥权交予孙将军，并训免嫡系高级将领服从孙将军之指挥。

四、孙将军因受美国教育，不同意苏联式的政工制度，他认为“反共不应用共党的方法反共”。

这些因素，互相激荡，乃形成了“孙立人事件”与“郭廷亮案件”。所以我始终认为，这个案是个冤案。

五、谷正文先生的证书。

一九九〇年十二月二日，“归国”学友协会与展望基金会，于台北市清华大学办事处办“孙立人将军座谈会”，由李庆华博士主持。出席者计有陶百川、张玉法、蒋永敬、刘凤瀚、尹章义、赖泽涵、许逖与弗吉尼亚军校校长代表叶晨晖博士等学者专家，本人亦应邀参加。大家意见大致与前述分析相同，都认为这个案是个“冤案”，因之一致决议应由政府平反，并由“总统”明令褒扬。最难得的是，该案主角之一的郭廷亮，与当年军事情报局的侦防组长谷正文少将，亦出席了座谈会，随之形成了座谈会的高潮。

郭廷亮情绪十分激动，慷慨陈词，详细叙述了他被捕、审讯与受刑的经过，他坚决否认他是匪谍。

谷正文少将已近八十岁，现已退休。他说，这个案是个假案、冤案。他不把真相说出来，一直觉得良心不安，他要为历史做见证！

他说他的侦防组是天下第一组，共五百多人，专门负责侦捕匪谍。他说郭廷亮不是匪谍，是情报局毛人凤局长与台湾保安司令陈大庆将军下命令叫他办的，他是奉命办事，很对不起郭先生。

他说，老“总统”至死也不知道郭廷亮是假匪谍，经国先生也不相信孙将军会有兵变这回事！他说这个冤案，主要是高级将领争夺参谋总长，与情治单位争相邀功的结果！

座谈会原定四点半结束，但至六点，大家仍在热烈讨论，不愿散去，而且有些人仍在不断追问，到底谁是该案的原始设计者？

大家相信，只有建立民主制度，才能避免这种悲剧的重演！

一九九〇年十二月八日

本文摘自李瞻《敬悼孙立人将军》

向最敬爱的“老总”致最后的敬礼

韦仲凰

一九五五年七月下旬，台北市南昌街孙立人将军公馆在盛夏炎炎酷日的笼罩下，显得格外闷热而阴沉凝重。我和温参谋哈熊兄陪着将军和夫人默默地吃过午饭后各自回房休息午睡。

平常和我们共同生活、一起午饭的陈参谋良埙兄，在上午被有关单位“请”去谈话后直到这时未见回来，使我稍稍感觉不安而无睡意，就轻轻悄悄地独自走出侧门，想到街边走走或到弹子房打打撞球松弛一下。但刚跨过对街时，负责警卫的宪兵排唐排长从后面追上来告诉我说，暂时不要外出，要我回房休息。我想意料中的事果然来了，所以也没有异议或问为什么，在回去经过老温房间时把情况告诉他，他说：“电话也剪了，回房休息吧！不要紧张。”回到自己房里在书桌前坐定下来，虽然素来不信算命拆字之类的东西，这时也想到不妨做个简单的拆字游戏看看。于是随手取过案头的《辞源》，先用右手拇指随意揭开大约半部厚的一角，然后将左手食指插入盲目按住一处，再用右手翻开全部，慢慢移开左手食指一看，赫然出现的竟是一个“羑”字，心里不禁一阵微微惊喜的激动。因为幼承庭训，稍读古籍，知道有段历史故事说，暴君殷纣因受谗臣崇侯虎之惑，怀疑岐山国诸侯姬昌图谋不轨，遂将他囚禁在一个名叫羑里的地方，但姬昌后来却被周朝武王追封为文王，再看注释：“羑里，古地名——商纣囚周文王于此……”果然不错，与我的记忆相符。忍不住立刻捧着《辞源》走到老温房里指给他看，并对他说：“老总没有关系，了不起做第二个张学良。”老温听到我的拆字解释后耸耸肩膀，做了个无奈的表情，也没说什么。

晚饭后不久，唐排长送来自老温和我两人家中取来的几套换洗衣物，并告诉我们已向家里说明我们因紧急公务到南部出差，要家人不要担心。

就这样，我在南昌街“待”了一个多星期，其间最重要的一件事，就是撰写将军的“辞职”签呈，在与将军逐字逐句多方考虑斟酌定稿，并经调查小组联络人、“总统府”第一局局长黄伯度先生过目，参加意见修改后再缮交其带去。但不久即由其退回并告知某处文意或字句不妥应加修改，在无可奈何中只好参照指示改妥后再交他带去，但不久又遭退回……如此这般，费时整整一周。前后不下五次之多才被接受，也就是后来公诸于世的那件重要历史资料——自动引咎辞呈。

那时台湾中上之家都还很少新式家电用品，孙将军公馆除了饭厅、客厅天花板上各有一具日据时代留下的老爷电动吊扇外，并无其他任何桌式电扇，坐在书桌前，我往往挥汗构思运笔之际，孙将军则坐在一旁不停地挥动棕叶扇子提示意见，神情则始终镇定安详。当然碰到某些“被迫”修改之处，我们两人也都不免有些愤慨，不过最后孙将军也只好说声：“随他去吧！他们要怎么写就怎么写吧！”我当然了解孙将军的心情，但并不就真的随便照单全收。

有关方面在认为我的任务已经完毕后，就另派了一位姓黄的秘书来接替我，唐排长也通知我可以收拾私人衣物行李书籍准备回家了，但绝不能带走任何军公物品文件，并须在绝不泄漏本案任何机密，否则接受严厉处分的具结书上签名盖章，我当然一切照办。在和将军与夫人告别后即将离去时，唐排长检查行李相当彻底，看看并无违禁物品，却还翻动一本《篆法入门》表示颇感兴趣。不管他的话是真是假，也就举以相赠，留个交情。

回家住了几天，就接到命令：我由“总统府”参军长室上尉随从秘书下放新竹新兵第二团上尉补给官（因我有此专长）。团长是参谋总长彭孟缉将军的胞弟彭明辉上校。可能也有对我“随时察考”的意思吧！

过了大约两个多月，“孙案”尘埃落定公布后，我趁周末回台北休假时，在一个星期日的下午三时左右再到南昌街去探视孙将军，但遭卫兵挡驾。在快快转身离去时，幸而走了不远又听见唐排长从后追上来叫住我，向我解释说新换的卫兵同志不认识我，所以照令行事。“没有关系，你可以进去！”于是由他陪我进入，并承黄秘书告知，将军和夫人都在楼上，要我自行上去。

谢过他们两位就直接轻步上楼，到达卧室套房门口，虽然门并未关，仍遵礼立正用中音量叫了声“报告”，得到将军答复“进来”，然后进入再致敬礼。蒙将军和夫人同时招呼落座。夫人倒了杯茶并饷以小碟太阳饼和凤梨酥。在稍稍互道近况后，我问将军：“有些同志在自白书中说了许多无中生有的话，参军长在接受调查时为什么不加辩解？”孙将军沉着脸回答说：“我怎么能跟小孩子们去辩？”

是的，孙将军直到那时尚无亲生子女，一向把我们这般年轻部属都是当作自己的孩子一般看待爱护的。当我听到将军这句话时，心里不禁一阵暗暗的酸痛。我想如果我也被“请”去谈话，并要我写自白书时，我能抗拒而不写下那些同样无中生有的话吗？我能学岳武穆的马前张保或马后王横的榜样，在听到岳元帅被害风波亭后，就一头撞墙，脑浆迸射而死吗？……这个问题常常压在心头困扰着我，使我不能不想到民主、自由、法治是多么的可贵啊！

我和孙将军这次短暂的见面，也是最后的一次见面。将军自幽居台中后，除了他的亲族可以不时前往探视外，其他部属友人，非经有关方面特许，一律不得接见。三十多年来偶然得到些零零星星的消息，也多数是由常住台北县中和乡的晶英夫人处传达的。

我和其他多位将军的老部下，自此被打入“黑五类”，升迁困难，自知前途无望，于是在一九五九年国军实施退役制度时，就自动请求获准在“鹏程案”第一批率先退役。旋蒙同郑贵人关照转任公职，在六十三岁距限龄退休尚差两年时，赖子女小有成就，生活无虞，遂又自动提前退休。为了向往自由、民主、法治的生活，乃举家移民来美，离开那个令我伤心的地方——台湾。

一九八八年四月下旬的某一天，忽然接到同住洛杉矶的老同事袁子琳先生电话说，“老总”打长途电话找我，问我有无带出“辞职报告”的原始稿子？如果没有，也要尽可能就记忆所及写出要点寄去，以备“监察院”重新调查之用，并要我先回个电话给“老总”。

于是就在次日凌晨一时（台中下午四时）左右直拨电话到台中，当将军接听后，我先将当年离开南昌街公馆时禁带任何军公物品文件，所以未能保有原稿的情形报告后，并向将军说：“我不能凭记忆重写有关‘辞职报告’的任何东西，因为一字一句都必须负法律和历史上的双重责任，而且即便我的记忆力特强，能重写得和原稿一字不差，也是难以取信于人的。事实上，原稿的有无已无关重要。因为就最后能让‘他们’满意接受公诸于世的那个报告（签呈）的内容而言，参军长负的只是可轻可重的行政过失责任，并无任何法律咎责，所以‘他们’也没有敢据以交由军法或司法机关量罪判刑；既未判刑，就是无罪，既是无罪，就是清白。所以参军长不必再争闲气。要什么人还以清白，找谁还以清白？你是找不到对象的。现在须要争取还以清白的是那三十五位被判过刑的同志们，如果他们能争取到手，那就自然而然地证明参军长是无辜受累的了，而且事实真相差不多已大白于世，公道自在人心，历史自有评断，参军长身体健康最要紧。既已获得自由可以到处走动了，请参军长不要生闷气闲气，最好和夫人一同到美国来看看子女孙子、亲友同学，尤其是我们这些老部下都盼望能再见到参军长，我代表洛杉矶的老同事们竭诚欢迎参军长和夫人。”我一口气讲完这些，将军在听取过程中不时回答：“唔！”“好！”“你的意见很对！很好！”最后回答说：“等我健康许可时，我会到美国来走走。”并说：“揭钧在这里，你可以把你的意见和他谈谈。”我问：“太太在不在旁边？我想先和太太讲几句话。”将军说太太在跟前，并即让她接听。我因怕将军年迈听力衰退，未能完全听清我的话，就照刚才说的向夫人全部重复一遍，夫人也说很对，然后将电话交给揭钧，我又向揭钧照样重复一遍。这通电话打下来足足五十多分钟接近一个小时了，然而这也是我最后一次听到孙将军亲切的声音了！

现在孙将军永远离开我们了！虽然我心中一方面感觉难过，一方面也觉得总算老天有眼，默佑孙将军能以九十二岁的上寿高龄辞世，而且在有生之年，目睹身经当世的善恶果报，也可稍释憾意了吧！

孙将军曾任财政部盐务总局税警总团长，民国三十一年冬天，孙将军以中国驻印远征新三十八师师长身份回到重庆盐务总局公干，那时我年二十一岁，正任盐局会计助理员，和一位姓王的、一位姓杨的年轻同事见到孙将军飒爽英姿，并在报上也曾读过三十八师在缅甸仁安羌之役大捷，为国争光的新闻报道，所以对孙将军都很崇敬。同时衡阳失守，西南告急，抗战已到最严重关头，我们三人乃相约投笔从戎，到印度追随孙将军，将军当然表示欢迎。于是我们就在三十二年春天，自动辞掉盐务总局那份“铁饭碗”优厚待遇的工作，自费购买民航机票由重庆先行飞昆明，再乘美军运输机飞越喜马拉雅山驼峰直到印度中部蓝姆迦中国驻印军整训基地。

见到孙将军后，蒙委任为少尉军需，负责出纳。不久因经验不足，粗心大意，错失一大笔现金军款，但在自行对账发觉后即自动报请处分，将军认为我是“自首”即从轻发落，每月扣薪七成。过了几个月，因为英美盟军共同支持后勤补给，经费充裕，粮足兵精，反攻缅甸、打通中印国际运输公路的战事节节胜利，全军沉浸在一片欢乐气氛中，同时我的行为也表现良好，所以我的扣薪处分也得以提前“假释”免除。而且孙将军对我信任有加，迭予晋升，三十五年更调升为新一军军部上尉译电组长，掌管机要。三十六年随同孙将军调职台湾陆军训练司部后并曾升级少校，但不久即遭“国防部”对将军部属实施全面打压政策，予以通案核降原级，一九五二年又蒙调为陆军总司令室随从秘书，一直追随到将军被迫辞去参军长职务为止。

多少年来，我们全体部属对孙将军共同的印象是外表威严而内在慈祥，对待我们就真的如同自家的“孩子”一样。尤其是我获得他的爱护自己有时都认为稍稍偏多。现在将军走了，就公私情谊而言，我都是应当赶回台湾参加办理后事，亲自祭奠，瞻仰遗容，与将军再见最后相对无言的一面。但因家中内孙、外孙每天都需我开车送接上学放学，实在无法分身。半年前台北传来消息，将军可能偕同夫人来美一游，因夫人笃信佛教，将军也颇受熏沐，到洛城后将由西来寺安排住处，我们大家都很高兴，但终因将军体力日衰未能如愿，大家又都引以为憾。所以当将军逝世噩耗传来，我就和当地的袍泽们共同商议决定在十二月八日台湾开吊公祭的日子，同时假西来寺举行一个简单庄严的追悼会，遥祭将军在天之灵，聊表心意，并承西来寺表示素仰将军生前一切，慨允尽力协助负责灵堂布置及诵经超度等有关事宜，而且拒提费用问题，真是菩萨心肠，令人存殁俱感，愿在此附笔致谢，亦证明公道自在人心的一斑。

在追悼会上我们将悬挂两副挽联表达我们的哀思和心声。一副以“旅美全体部属”名义，由将军的老秘书组长萧一苇先生撰拟，联曰：

天地晦盲，武穆精忠三字狱；
中外钦仰，汾阳勋业百年身。

另一副以“孙立人将军美洲后援会”名义，由我执笔撰书，联曰：

百战军魂，老兵不死；
千秋忠义，浩气长存。

事实上，纵千言万语，也无法完全表达我们内心的沉痛和对种种切切的不平。然而俱往矣！一切是非真伪、功罪荣辱，还是都留给世人和历史去评断证明吧！现在我们只能含泪吞声，在追悼会上向我们最敬爱的“老总”致最后一次的敬礼！

想起那张照片

袁道合

郭廷亮是匪谍？孙立人将军兵变？从报纸上看到醒目的大号标题，简直令人难以置信！

就因为这么一件到今天还不能真相大白的冤案，波及了多少孙将军无辜的旧属和学生！

幼年兵总队一九五三年奉命改编解散时，当时的陆军总司令孙将军送给我们每人一张玉照，背面除了写上“××留念”字样外，还有孙将军的签名和印章。

高级长官送玉照给小兵做留念，是多么令人感动的一件事。我们谁都把那张照片当作至宝一样的妥善保存。

但，就因为兵变的那件冤案，不仅孙将军自己被软禁了三十余年，就连他的照片也同样遭到了“不幸”——被限令收缴。谁要是不缴交，谁就是孙将军的死党，谁就有“涉案”的嫌疑。厚厚的一层恐怖的阴影罩在每一位孙将军的旧属和学生的头上。

孙将军已经含冤而逝了，作为他的学生，强将手下的部属，竟连他送作留念的一张玉照都维护不了，我们岂不是不折不扣的“弱兵”？

这件事在当时谁也不敢说个“不”字，即便是孙将军住在广州街当年的陆军总医院疗养，我们偷偷摸摸地去探视他老人家时，也没有勇气提及。因为自己有一种愧对长官的罪恶感。

就做人的常理言，“赠”是一种礼，“受”也是一种礼，长官既把玉照赠给了我们，而我们这些受者却又不得不将这份礼任由他人收缴处置，怎能不愧对这位功勋赫赫的老长官？

孙将军的玉照收到哪里去了？我们不知道，但玉照的“下场”我们可以想象。

像孙将军这样一位民族的英雄，战史上的战神，其对“国家”的贡献，其为“国家”所做的牺牲，还有谁能比拟？为了“国家”民族的生存，连命都可以豁出去的伟大军人会不忠于“国家”？会不忠于领袖？会搞兵变？天晓得。

孙将军原本就是一位亲兵爱兵的好长官，送张玉照给小兵做留念不正是亲兵爱兵的铁的事实吗？长官亲兵爱兵也有罪？

想起孙将军、想起他那伟大的爱国情操，想起他的赫赫战功、想起他爱兵如子弟的领导统御，就令人肃然起敬。但想起孙将军当年送作留念的那张照片，心就像刀割一般的痛，血就会一滴一滴地滴个不停……

正义就是国家民族的灵魂啊！

“中国”时报

【台北讯】孙立人将军的义子揭钧申请回台遇到困难，写了一封为孙立人祝寿的函件交给本报发表，在这封函件中引述了“监察院”五人小组调查“孙立人案”的经过。

以下是这篇祝寿函的摘要：

在过去三十多年中，您失去了人类最基本的人权和自由，大伯（孙立人的亲哥哥）过世时，您因为不能参加丧礼，痛心不已，数年前大妹中平在“清华”毕业时，他们都不许您去观礼，您每年都到台北体检，有一次妈妈告诉您的旧属说您中午会在某餐馆吃饭，后来在那里见到了旧属，结果周副官对您非常不礼貌，而且从此不准您去台北检查身体。

像这类的事太多。在这种种的恶劣压力之下，您坚强而默默地承受，暗暗地奋战，今天您终于胜利了。

您常常在我们子女面前赞扬曹启文、萧一山、陶百川等前“监察委员”，说他们有正义感，您要我们谢谢陶百川先生，谢谢他维护“国家”民族的灵魂，当时我们听不太懂，你解释说：“正义就是‘国家’民族的灵魂啊！维持正义，‘国家’民族的灵魂才能延续下去啊！”您这种看法，使我们非常感动，我们已经把您的心意转告陶先生了。

见过陶百川先生以后，匆匆离开了台湾，未能向您报告一切，陶百川先生告诉我们说，您当时曾经痛哭出声，求“监察院”救救郭廷亮及同案受害的人。他说“监察院”五人小组当时认为您根本连行政和道义的责任都没有，他们因为见到您的辞职签呈，那么责难自己，不说那样一句话，很难向上面交代，在不得已的情况下，放了那么一句话。

我们告诉陶委员，您的签呈是在当时“总统府”秘书黄伯度和傅亚夫的压力下，经过六次修改，上面才算满意的。陶先生也知道，但是我们要了解“监察院”当时也是在重重压力之下进行调查，他们用巧计，请您的“随从副官”喝茶、吃点心，才能单独与您谈话，上面根本不准他们向“郭廷亮案”有关人员进行调查。该案有关人士一个也见不到。虽然说了“负行政和道义的责任”，该报告还是被尘封了三十三年，经您力争，才勉强公布了。

由此看来，可见“监察院”五人小组，费尽多少心血，为您主持公道，只可惜正萌芽的正义幼苗，得不到春雨的滋润，无法成长。

国父孙中山先生当初订定五权宪法，设立“监察院”来确立公平的裁判，当时五人小组认为您没有任何责任，也就是代表“国家”正式还您清白，所以陶先生这段谈话意义深长，您也可以处之泰然了。

从各方面来信知道，您没有机会把三十多年来所受的限制告诉罗文富委员，因而感到失望，其实您也要看开一点，天下的真理到最后总会被别人知道的。我们还没有见到报告的原文，暂不便为您说什么，只希望您不要因此而不愉快！

爸爸，记得郑部长来拜访您时，我们曾向他要求帮您办理“出国”探亲，他曾应允。我们都希望您来北美洲走走，看看我们的生活方式，共享天伦的快乐，参与我们家庭的温暖，了解我们工作的情形。

您还有许多旧属也在美、加两国，他们和他们的后代也对您无限地思念，您是知道的，您把他们当子弟看待，他们也当您为父兄，他们盼望您出来的心情，和您的子女是一样的。

普度大学和弗吉尼亚军校都与我们取得联系了，他们都认为您是杰出校友，随时欢迎您回到母校去。普度大学土木系主任麦可教授（H. Michaei）还特别告诉我，在一九五四年，他们要把荣誉工程博士学位赠送给您，可惜您那时未能获准前来领取，他们仍然希望您能前来，他还表示要找到您同班的同学，回来相聚。

三十多年来，世界的变化很大，如今交通便利，只要您有意出来，您的子女和旧属，都会为您安排一切。

原载一九八八年十一月十二日《“中国”时报》

编注：此文在《“中国”时报》发表时，编者在正文前有以下两行文字：

揭钧寿函引述“监（察）院”五人小组调查经过，感谢他们主持公道……

孙宅大门深锁　长留一页传奇

“中国”时报

【记者谢东华台中报道】曾经叱咤风云的一代名将孙立人，在台中市居住了三十五年，是个地道的台中市人，可是，绝大多数的台中市人均只闻其名，不识其人。

孙立人自一九五六年间，因案遭“国防部”“看管”，即幽居在台中市向上路宅邸，占地三百多坪的庭院，日式木造房屋，是他的生活空间。

孙宅庭院深深，平时门禁森严，外人无法入内，孙立人外出，也有人“陪同”，虽处市区，却与人不相往来，以前如此，就是一九八八年“国防部”宣布解禁，恢复他的行动自由以后，亦复如此。

台中市市长林柏榕坦白地说，他为选举而深入基层，拜访过无数市民，也只有在孙立人九十岁生日时，才得以见到面，更是唯一的一次。

林柏榕表示，由于特殊的身份，强烈的服从观念，使律己甚严的孙将军一直过着几乎与外界隔绝的生活。

孙宅所在地的西区靖龙里里长李永淙也指出，与孙立人毗邻而居，从报章杂志上看到许多有关他的报道，却从未见过面，也不能拜会这名“神秘的里民”。

过去，孙立人曾经每天清晨到中山公园打网球，有专人陪他打球，后来，年事渐高，已好多年未前往打球。

大多数的台中市民经过向上路一段十八号孙宅时，对红色铁门长年深锁，里面居住一位颇具传奇色彩的英雄人物，都会不由自主地行以“注目礼”，或向同行的友人说“这是孙立人的住所”。

近几年来，孙立人受病痛缠身，尽管政府已恢复他的行动自由，但是随着年岁增加，病魔未除，那隐居式的生活仍未被打开。

孙立人与外界隔离的隐居生活，对曾经叱咤风云的他而言，确实很落寞；对民风淳朴、人情味浓厚文化城来说，未尝不觉得有点遗憾。如今，他的功过是非盖棺后留待历史学者去讨论，他那神秘的宅院将长留台中市民的沉思。

原载一九九〇年十一月二十日《“中国”时报》

陪戴振铎校友访孙立人将军

杨觉民

本年三月二十八日，我从核工馆演讲室听讲后出来，有位同学向我打招呼说："杨老师，我可不可以到你办公室请教点事？"我说可以，他就跟来了，到室让座后，他说他是物理系朱国瑞教授的博士研究生郑庆，他的母校中正理工学院电机系有位从密歇根大学来的客座教授戴振铎博士，清华一九三七级毕业，想借此次在台湾的机会，完成平生愿望，前往拜访一下老学长孙立人将军，经向中正理工学院表明意愿，辗转折腾，不得要领，问我能不能帮忙。

我说我虽不认得戴先生，但知道他是清华校友久矣，徐贤修先生任校长时，曾请过他来当"清华"工学院院长，不过后来因故没有到职。校友的事，我尽力就是，能否达成，要看老将军的意愿和健康状况而定；而且告诉他，当晚我因校友特展的事，要和孙府通电话，明晚可能有消息。这天晚上，孙夫人梅娘女士在电话上告诉我，将军愿意见戴先生，时间在三十日上午。我把佳音透过郑庆先生传给了戴博士，约定按时往访。

三十日晨八时半，中正电机系主任柏小松博士和桂清平教授亲自驾车载着戴氏伉俪到我家，言明他们前来，是为戴氏夫妇提供交通工具，到台中时，如果孙府警卫认为不妥，不让入内，他们宁愿在车里等，当然，如果能够当面见到万民景仰的百战英雄，那是更好。柏博士是“清华”一九七六年应用物理研究所的硕士，我认得。

赴台中途中，戴先生自己介绍说，他和孙将军，不只是前后同学的关系，一九三八年，中日大战方酣，孙将军奉命在贵州都匀县招兵买马，组训财政部缉私总队，有三个大学生前往投效，其中之一，就是他自己。

他说：“抗战以前，学生不满政府先安内后攘外的政策，赞成枪口对外，一致抗日。我们清华同学一行六十四人，组了一个自行车队，一路从北平骑到南京请愿，费时二十七天，梅校长苦苦相劝，说是路上不太平静，有土匪，遇上了，岂不糟糕？我们少年气盛，为了爱国，死都不怕，还怕什么土匪？于是就呼啸而去。骑到济南，梅校长派的代表张龄佳坐火车来了，相见之后，他要我们回北平去，只有那些车子坏了的和生了病不再骑得动车的人跟他回去了。余下的人，哪里肯听他的话，仍然浩浩荡荡骑到南京，参加示威。到南京时，就只剩下二十七人。

“中央政府派宪兵押我们坐火车到徐州，转郑州过河北上，到这里，我们才知道有中央的武装人员，不得过黄河的《何梅协定》，过了黄河桥，我们只剩下自己，押运的人不见了。”

十时半，我们到达孙府，柏、桂二人同时入内。戴先生向孙将军说：“记得吗？在都匀的时候，你的部下有三个大学毕业的少校军官，一个叫戴振铎，就是我；另一个王天眷，也是清华的；还有一个叫钱人元，浙江大学毕业。我们记得，你和副队长齐学启讨论重要军情，都用英文。齐副队长，公暇给我们几个大学生，大谈其莎士比亚，使我们觉得，军中真是卧虎藏龙，什么样的人都有。还有一次，我们在都匀街上看过兵，一个军官看来很面熟，带着一排兵过来了，走近一看，竟是清华大学毕业后立志从军报国、投考军校任官的老同学居浩然……”

孙将军讲话虽然迟缓些，但听得津津有味，时露笑容，表示回忆温暖，无限珍贵。孙夫人端出香茗水果飨客时，柏主任向她说：“伯母，我的内人和您的小女儿太平，在台中女中是同班同学呢！天下真是并不太大。”

十一时半，我们起身告辞，孙将军送至门口，他清清楚楚地说了一句：“有朋自远方来，不亦乐乎？”大家听了，都很高兴。

将军白发

詹西玉

我是本地人，生长在宝岛，是光复以后才出生的。未闻战祸之声，未遭颠沛乱离之苦。对近代史的知识，粗疏而浅薄，对现代本国战事史更是疏隔。平日研阅所及，有关于战争的书籍、文字，是我有意排拒不去接触的。虽曾阅读德·雷马克的《凯旋门》《奈何天》《西线无战事》等一连串反战的文学作品，授课时也引过“将军白发征夫泪”、“古来征战几人回”等的诗句，与学生一起研讨过《吊古战场文》等一类的文章，这一切关于战争、伤亡、苍生倒悬、生灵涂炭的作品，确实使我心思闭闷、忧懑无可排解、无可奈何的沉哀，但总还是以陈述史实去看它，似乎它与现时现世里的实际生活不甚关联。我因喜欢阅读，偶事写作，识得许逖。这几年里他反复不断，极其详尽地跟我谈述有关八年抗战的大小战役、地名、与战的将领、战略的运用，以及成败得失的原因等，我对它才有粗略的了解。我诧异地发现，那种“利镞穿骨，惊沙入面，主客相搏，山川震眩”的惨烈场面，那种“尸填巨港之岸，血满长城之窟，无贵无贱，同为枯骨”的天地同愁、草木同悲的大哀伤，还有“积雪没胫，坚冰在须”、“缯纩无温，堕指裂肤”的可怜万状，就发生在我们周遭同时代的人的身上；对他们抛身家、轻性命、浴血奋战于悬崖深谷和暗无天日的热带密林里，与蚊蚋、蚂蟥为伍，为瘴疠之气所侵袭等的艰巨任务，起了无比的尊敬；对那些壮烈殉国，飘忽于异域的忠魂，有了诚挚的哀思。更对运筹帷幄、所向披靡，决胜若神的孙将军，兴起更深的尊崇与仰慕。因而我对常常经过坐落于台中市向上路一段的孙府，多了许多注意（以前我住在台中市向上路二段，平日上街都经过那儿）。而我二哥的家也适巧在孙府附近的模范社区。孙府对面有个改良农场，栽植优质的水稻，我常在晚昏时带

一九八八年十一月二十五日（农历十月十七日）将军九十寿辰，三十四年来，他第一次以和煦的笑容与前往贺寿的传媒界人士见面

孩子们到那儿，他们奔逐蜻蜓、捕捉蚱蜢、垂钓田蛙，我则漫步在夕照下的田畦小路上。偶然的机会，有两次我看见一个中等身材、瘦削、步履缓慢的银发老人，由一位太太陪同走进孙府红色森严的大门里，我狐疑地想，那个白发老人，难道就是将军吗？继而想，不是的，他似乎与许逖向我描述的身材魁梧、英姿飒爽，像一座大山似的屹立着，常令人油然升起壮美而崇敬的感觉不一样。然而五月二十日那天，下着雨，我们到达孙府，许逖就读台大时的室友与好友，也是孙将军义子的揭钧教授，撑着伞，领我们进了玄关，落座客厅，将军与娘娘（梅英夫人）缓步进来，我直立向他鞠躬，抬起头来，见了眼面前白发苍颜的老人才知晓，以前两次远远看见的正是将军本人。虽然这是第一次我与这位崇仰已久的英雄正式见面，却有喉哽难言、眼眶湿热的感觉。时间的速度，冷酷严苛，荏苒的光阴，已把这个龙威虎猛的百战英雄，催逼成了白发苍苍的老人，三十年的幽居软禁，隔绝内外、了断知闻的悒忧，含冤难雪的苦涩，也是他病弱还衰老的原因。

我坐在那里有点兴奋，希望能聆听将军亲口侃谈他当年英勇的战绩。但是我的希望落空了，将军落落如石、不善辞语、衣着平朴，是恂恂儒雅的布衣老人。当年战场上令人胆寒的壮大锐气与万人皆废的雄姿已不复见。他脸容祥和，银发稀疏零落，口气微弱，声音很小。许逖陪坐在他身边，侧身贴近向他请益，天花板上和煦的灯光泻在老人家脸上。随着谈话的内容，将军时而露出欢愉的微笑，有时脸容讶异，紧紧握着许逖的手，好像许逖提起了他已不复记忆的什么事，那被遗忘的久远事迹，如暗夜长空里的一道闪电，瞬忽间照亮了他幽藏许久的记忆，浮凸了往日岁月的轮廓，令他惊奇、心喜。有时他脸容肃穆、沉静不语，有黯然的阴影掠过脸上，似乎那重又萦回于心田的记忆，再度使他重蹈那干戈叠起、丧乱游离的大时代悲剧的沉哀里。过了些时候，娘娘引我到走廊上，告诉我园里的玫瑰与花架下的国兰，以前将军身体健朗时，施肥、除草、剪枝、接枝、浇水等都是他亲自动手。“满园的玫瑰，一朵朵，开得又肥又大。”她这样说。我临窗望着雨雾迷蒙的庭园，碧草如茵，庭树青葱翠绿，花园里疏疏落落的几朵玫瑰在雨雾下显得清芳冷艳。

好像淅淅沥沥的雨声，掩盖了许逖大声讲话的声音，忽而间，我觉得很安静，除了屋脊上的淅沥，再听不见其他的声音了。我重回客厅，果然一片沉寂，大家都不说话了，将军的堂妹璧姑、揭钧教授、许逖都沉默着，将军坐在那儿，似乎极端悲痛，泪如雨下，嘴唇微颤，难以为言。我有点惊慌，不知发生了什么事。许逖一脸惶然，小声跟我说，他跟将军谈到新一军在东北情况危急，说他曾经向上面请求以军用飞机送他入长春，领导自己的子弟兵破围而出，但没获得答应，所以伤心难过。我跟许逖说：“你以后不要再提这一类的事。”他说：“好。”然而事实上是不可能的。在整个抗战的史实中，时有触发他感伤落泪的陈迹史事。无论是对共进共出的旧日袍泽，或对战火洗劫下流离失所的同胞，或对壮烈成仁牺牲于战场上的弟兄，他都有深如骨肉的情谊，广大悲悯的同胞爱和长思哀悼。虽在长年的幽居中，他也从未忘记旧日袍泽的处境，当然那些袍泽也从未忘记以至诚精忠为人敬感的长官。在往后几次的拜谒中，我不止一次再看见将军为某些事凄怆落泪、哽咽难言。这样一个白发苍苍的九十老人，在一切往事已烟消云散，已成风尘逝水的晚昏岁月里，还如此深情难释，屡屡泪湿苍颜，不禁使我想起我很喜欢的苍虬老人的诗句：“万幻犹余泪是真，轻弹能湿大千尘。”和清季咸同中兴名臣——彭刚直公玉麟的“英雄肝胆，儿女心肠”。

许逖尊人慧园先生早年曾有这样的诗句：“帅府嚣传宴，蓬门夜绩麻。”深深的反应某些将帅喧嚣、侈靡的生活，与贫门民家谋生的艰苦成了强烈的对比。我听许逖说，将军无论何时何地都保持着书香门第平实俭朴的本色，绝对坚持不享受比“士卒多一点分量”的风格。许逖邀我几次拜谒将军，都遇见东海大学中文系主任——柳作梅先生也在孙府。他于年轻时因仰慕将军，曾出关远走数千里，谒将军于长春，留居幕下，负责文字工作。今闻将军已恢复自由，亲友故旧已可出入门庭，故每周中往孙府为将军代办各类笔札，这发自至情的袍泽深谊，令人感动钦佩。有些时候我们接受将军仁慈亲切的招待，一块儿在孙府用餐，家常的菜色是娘娘亲自烹煮的，她频频为我们夹菜，将军且一再鼓励许逖和安平添饭，正是军人进餐的本色，大伙儿吃起来倍觉家人之味盎然。

将军的家是日本式的房舍，收拾得很整洁，布置雅致，木墙上悬挂着一些字画条幅，画柜里重叠着成套的线装书，有《楚辞通释》《老子衍》《庄子解》《曾文正公全集》《杜诗镜铨》等。客厅是藤装的靠椅、木桌、茶几，桌斗陈设着将军尊人孙焕廷先生的遗像，另有几帧是将军当年着戎装校阅部队的照片。几上总有两盆开得很好的兰花，暗吐幽香。另外还有四把特殊有趣的圆凳子，每次来都吸引我在上面轮流坐一坐。那是当年将军反攻缅北时带回来的战利品——象王林旺和它的同伴。林旺寿命长、福气好，一直在圆山动物园过着逍遥悠哉的日子，它的同伴却早早过世了，那沉甸甸、胖墩墩的四条腿，连同那在陆地上、在密林踩踏了千里征途的脚蹄，一起留下来嵌上锦织的布面，留为永久纪念的做成了四把小圆凳。

将军府上另有香枝、水果供着的两幅画，是光绪六年庚辰冬月，苏城宝光寺竹禅先生绘的阿弥陀佛和观世音菩萨的圣像。以素墨勾出简单的轮廓，笔力遒劲，线条匀畅自如，造型浑厚古朴。虽是圣者之像，但流露于眉目之间的神情，温蔼可亲，不似一般工笔绘出的佛像，法相太庄严，有高高在上、唯我独尊的冷穆严肃。

这几年我在佛学院授课，我听说将军夫人——张晶英女士早年皈佛，是个虔诚的佛教徒，在台湾佛教史上是被公认的大护法。我到孙府几次都无缘拜见晶英夫人，直到去年十一月二十七日，将军九十寿诞的庆祝大会上，晶英夫人代表将军致词，她才开口说："诸位同甘共苦的弟兄们……"会场中就爆出一片热烈的掌声，持续了许久。听说她已近八十高龄，却一点不见老态，语音清亮，面容光润，慈祥和蔼，有廓然大公的笃定、欢愉的神情。好像那漫天劫火、烽火四起、群伦失怙的苦难的时代，那身为战地将领的夫人与丈夫远隔的孤冷凄清，那对战场上命系于一发之间的丈夫的忧思挂怀，那撤退时拂护袍泽眷属的契契苦心，乃至以后人理危促、蒙冤受拘的长年苦闷，凡此种种，虽然对她的生命做了一连串忍苦的历练与考验，似乎并未在她的脸容神态上留下任何痕迹。使我深深佩服并且欣羡她宿根深厚，年纪轻轻时就已大彻大悟，能参透色空之旨，心灵早就超脱于尘纷世网之外，从未像一般凡众那样恒虑于俗因俗果的烦恼中。后来许逖邀我一道拜访孙妈妈，她与干女儿同住于永和，由她谈述所及，我才知晓她的独立自主、圆满自足与宽宏大量，虽是与生俱来的慧根灵性的呈现，更是后来俗情世界里现实生活的种种磨砺，与怨情泪海中忍苦挣扎的智慧结晶。孙妈妈说，她的母亲（张老太太）一直是个佛教徒，平日课诵礼佛极为虔诚，布施与忏悔也很热心，常常带她到寺院里，那时他们在江西南昌，母亲与他们同住，孙先生经常不在家（在部队里），因为年轻，虽有母亲做伴，老人家也常开释劝慰她，她仍有抑郁烦闷、悲离怨苦的时候。不过孙先生常回来，她也随时可以得到他的消息，确知他的生命安全无可挂虑，随母亲朝夕课诵、礼佛参拜，心境逐渐宽裕，日子在平静中过着。

但民国二十六年七月七日卢沟桥事变引发了全面圣战，日寇随即在上海发动攻势，我军全力对付，展开了惨烈无比，号称“血肉磨坊”的“八一三”淞沪会战。任税警团第四团团长的孙先生喋血奋战，最后因率队冲锋，为敌寇的机枪和炮弹所伤，身上有十三个洞，倒卧血泊中，幸为部属——胡让梨排长抢救背下火线，送后方医院，因失血过多，已奄奄一息，有一位不愿透露姓名的爱国的大学生，捋袖输了五百毫升的血给孙将军，挽救了他的性命。而后国军马上撤退，上海就要沦陷了。宋子文先生令他弟弟宋子安先生护送将军到香港就医，他躺了两个多月，才能起床。

淞沪会战后孙妈妈退到长沙，与将军完全失去联络。那血肉横飞、伤亡无数的激烈会战，震撼了孙妈妈的心灵，也粉碎了她以佛音教义和理性建立起来尚称宁静的生活世界。那得不到半点消息的焦灼挂虑、那猜疑他已经远离人世的哀伤难过，令她寝食难安，日日落泪。这令她难以肩负的感情重荷，把她折磨得精神恍惚，每天都像个痴子似的在满是伤兵的街上晃荡。逢到军人就问："我是孙立人的太太，孙立人呢？""我是第四团的团长太太，你们团长呢？"有人看她那种徘徊不去的痴呆之状，以为她是神经病就不理她，只要有一点线索，她就紧追不放，甚至跟到人家家里去问。她找团长，许多军人眷属也找团长太太，要她告诉她们，她们的丈夫呢？一场伤离死别、哀音遍野的时代大悲剧正在展开。在菩萨面前，她每天跪拜许愿，希望先生能回来（那时她与母亲暂住在一个尼姑庵里）。

有一天，暝色四合，夜幕已落的晚昏，窗口突然出现一个人，暗里她无法辨认，后来他喊她的名字，她惊喜得说不出话来，原是孙先生回来了！但这长日相煎，企盼了许久，忽然间降临的强烈欣喜，瞬忽间就消失了；代之而起的是令她和她的母亲深感难过，有若切肤之痛的怜惜，青灯下，她看他，一身风尘，苍白瘦削，病容满面，夜里又听他叙述负伤医疗的经过，她难过得没法忍受了，这个明明已到了鬼门关又勉强回来与她相会的人，她再不能放他走了，她一定要打消那一直盘踞于他心目中的固执信念——献身沙场、跃马挥戈的壮志。当孙先生告诉她们，他双臂受伤未愈，不能上举，他正着急着希望早日痊愈，才能快点回部队，重新操练士兵时，她起了横决以行、疯狂的，连自己都不能相信的破坏念头，这无可解释的情感陷溺，像紧锁在额头的紧箍咒，使她在绝望的深渊中痛苦挣扎，得不到任何救援，逼得她那种湖南女儿刚烈、宁毁不回的个性彻底展现出来了。那天深夜她断然地告诉她的母亲："我要磨利一把刀，今天晚上就砍断他一只手臂，使他永远不要再当兵。我会的，我是湖南人，说做就做。"这完全丧失理性的话，大大惊震了十分疼惜女婿的张老太太，老人家当时正色地跟她说："你疯了！你一认识他就知道他天生要当军人的。领兵征战、为国捐躯、献身于沙场是他一生的志向，也是唯一的志业，你这样毁了他比杀掉他更令他难过。"然后又说了许多训诲女儿、明示义理的话，使孙夫人在母亲面前泪流满面。

弘一大师出家前曾有这样的句子："世界大千皆泪海，为谁惆怅为谁颦。"那以幻为缘的大千世界里的芸芸众生，枉自煎熬、烧蜡成灰、泣血剖心的缠绵哀音，在心冷空门、彻底了悟已经得道的人的眼中，是无可救拔、永陷沉沦之苦的愚痴，但那种生死同命的夫妻感情，恐怕不是那么容易割舍的。尤其那长征未还，战场上万骨同枯的冷酷凄惨，使她深刻地意识到那潜伏着的可怕命运，所以她那年轻的冲动、那刚烈果断的决心，是让人可以理解的。

我们的成语中有"谏果回甘"这样的话，谏果就是橄榄，人的一生大概就像啖食橄榄一样，由苦涩到甘甜，在许多苦难中，细细咀嚼，慢慢品味，逐渐成长成熟。年轻的孙夫人，终也渐渐领悟了人生的智慧；一切众生各有其自本自根的定命定业，个人的生命禀赋各不相同，各有它的神化精彩，不是外力所能干预、能真正改变它的发展的。加上菩萨前虔诚的膜拜，佛光下静虑求忏，母亲深明大义的教诲，佛经里戒贪、戒痴、戒嗔，了断无明的精义，都使她从偏执的自我意识中解脱出来，转而对于那同陷于战地烽火、流离失怙的同胞生出广大慈恤哀怜的心，对与她相同命运的袍泽眷属予以深切的关注和照拂，对孙将军练兵救国的理想予以无限的支持，使他远征印缅战场无后顾之忧。对那战火交侵、国运大熸的苦难的祖国，与忧国忘身、操戈域外的丈夫，佛前一炷香又一炷香的跪拜、祈求神佑。如果说将军往后在最艰苦的印缅战场屡战屡胜，立下了百战功勋，成了扬威中外的一代名将，是他先天秉赋了“良将”的器才胆识，后天经过最严格的军事教育，并得到发挥才能的机遇，是他与袍泽弟兄们同甘共苦、浴血奋战的总成绩。那么佛祖的神佑、孙夫人大悲大义的德操与精神力量无限的支持，也是不可磨灭的功劳。

我又听孙妈妈说了许多逃难时感人和有趣的小故事。其中我觉得顶顶有趣的是：在湘桂大撤退时，孙妈妈带着留守后方的三十八师的袍泽与眷属，沿川黔公路要撤退到重庆。前税警团团长温应星先生（温哈熊将军的尊人）也正在贵阳急切觅求撤退的交通工具而彷徨无着，孙夫人与温先生夫妇本有通家之谊，就邀请温先生夫妇坐他们的车子一起撤退。那时候汤恩伯将军所部扼守关卡，查禁森严，是不准随便撤退的，要凭路条才可以走，但抢要路条的人太多了，很难拿得到，孙夫人心里发急，温先生看孙夫人这样着急，他急里生智，生得短小精干的他，乘着人家不注意的时候，从人丛中一钻而入，就把路条摆在桌上，管理放行的人在忙乱中，随手就在上面盖了章，温先生抓了路条，急速又钻出人丛，他们因此一路顺风到达重庆。还有孙夫人的母亲张老太太，在逃难时一再督促她不准带物件行李，声明所有的交通工具都要带人，孙夫人收集了许多宝贵的佛像，都被安置到寺院里，最后连她最心爱的一尊观世音菩萨的圣像也要她送到寺里，她心惜难舍，老太太说，佛由心生，心生法生福慧自生，佛陀菩萨存在自己心中，圣像供在哪里都是一样的。孙夫人成为当代佛教大护法之一，她慈悲喜舍的精神与母教必有绝大的关系。这些抗战时逃难中的小故事，充分表露了那个苦难的时代里，人们互相提携、相与扶持、休戚与共的可贵的民族感情，令所有真诚的心灵感动和共鸣。

生命是否真的是幽明易幻、难以为言、有点似是而非的令人难以捉摸？当我们觉得抑郁难堪、阻遏难行、不知如何是好的时候，往往绝处逢生，大批的赠礼从天上掉下来，给某些心灵质朴具有善良信念的人。当我知晓将军晚年福寿全归，四个子女与五个义子，个个优秀，学有所成，立身立业均为人称赏时，我不禁想起“天道无亲，常与善人”这样的话。三十余年幽闭的日子，将军的人生收获还是丰硕的，而我以为这些可爱优秀的娃娃，正是上苍在他悒忧难伸、无可奈何之时，赐予他的大批赠礼。当将军为国家民族的生存奋力效命于疆场，以致忘室家之乐，满腔忠爱尽托于战阵之间，故难享天伦温情，不意晴天霹雳，莫须有的罪名从天而降，正值壮盛之际，横遭诬陷，拳奉之忠，不能自剖，终遭幽居，一廛负郭，了断知闻，其忧悒烦闷无人可语，愁肠一日九回的难过可想而知。所幸秉性仁厚的他，对这无端降临于身上的迫害与命运，虽身心受尽折磨却无怨怼，在无可如何的命定中转而全心全意教诲子女，课子成人。

我听许逖说将军一向与人绝甘分少，在同学友朋间以“慷慨义气，急人之急”为人称道，因此在案件发生时经过调查是最干净的将领，无有旧积。“罢职”之初的两年里，没有薪资，又没有存款，情况极其困阨。晶英夫人告诉我们，那几年娘娘——梅英夫人，各处售卖自家种的玫瑰与芭乐果，贴补家用，维持生计。

我到孙府时，看娘娘陪伴将军的晚年，饭食起居照护得无微不至，嘘寒问暖，端汤进药，不离左右，像照顾小孩儿似的。她说有一次日阳太烈，庭园里的花干得土都裂了（园丁一个礼拜才来一次），她去浇水，才一忽儿，将军就急急找她在廊上招呼着：“梅英啊！人重要还是花重要？”她丢下橡皮管，关了水，急速的进屋里。娘娘追述前尘，跟我聊到以前的日子。我觉得她是一个温婉贤淑、俭朴惜福、以勤劳力作为喜乐为美德，令人敬佩的长者。她这样说：“山上的园子很大，全是果树，一棵芭乐、一棵荔枝、一棵水梨、一些玫瑰，间隔栽植，四周种槟榔，芭乐长得快，一年就可以收作了。以前将军和她每天戴着斗笠，带一壶水、几个馒头、几样小菜，牵一条狗就上山去，日出就作，日落才休息。”当她谈述这些时，非但无一点怨苦难为的神情，从她的话语中，我反而感到在那苍苔遍地、落花满径、树影参差、飞禽往还、禽声上下互鸣、狗吠相闻的远离车尘喧嚣的山林里，他们握锄掘地、汲山泉、捡柴枝、量晴计雨的讨论收获，笋蕨菜饭，欣然一饱，令人欣羡的恬然自得的生活，才是人生真正难求的境界。将军曾是威棱震栗、叱咤风云、声扬中外的名将，却能宁静自守、力耕自持、克勤克俭地与夫人、娘娘育子课方，正是他乐观淡泊、朴挚笃敬的生命本色。

《史记·李将军列传》有：“谚曰：‘桃李不言，下自成蹊。’此言虽小，可以论大也。”太史公言李（广）将军：“悛悛如鄙人，口不能道辞。”他虽不善言语，诚实笃厚如乡下人，却广为文武官吏、士兵及民间百姓所尊崇，就像那开得一树璀璨的桃花李花，虽静默不语，趋前赏玩的人潮，自将树下踏踩成小路。

一九八八年十一月二十七日，是将军九十岁的庆寿大会，在台中市中正“国小”的大礼堂举行，来自海外及全省各地敬爱将军的人自动齐聚寿堂，礼堂上下挤满人潮，各种情真语挚的祝寿文字挂满四壁。当将军由三十三年黝黯幽居的岁月里走出来，出现在三十余年未能与他见面的门人子弟、旧日袍泽及每个敬爱他的人的面前时，全场一片唏嘘之声，那几十年的久待终能晤面的兴奋，使他们热泪横流，那原本气盖山河的飒爽英姿，如今已为衰老的容颜，令他们唏嘘长叹，而他受尽煎熬却能高寿以待沉冤昭雪，又课子有成、一家圆满的完美，也令他们喜极而泣。将军好几次站起来举手向大家示意，老泪晶莹难抑激动兴奋之情。我看带着"幼年兵"代表标志的来宾，及朗诵祝寿诗的"女青年工作队"的代表，当年是少小离家的幼童和花木兰般的女青年，如今却已是鬓发斑斑的为人祖父祖母了，不禁慨叹人生岁月如白驹过隙，荏苒光阴如影随形的紧紧催逼着人世短短的百年之生，令人有无可奈何的感觉，所幸人伦之亲与世情的温暖，软化了这冷冷逼人的光阴利箭。

舒适存老将军是将军印缅荡寇的老袍泽，一九四九年应将军之邀，由上海飞台，兼任要职，襄赞将军督建环岛防御工事。他以九十二杖朝高龄，出面领导将军九十大寿的筹备工作，迢迢远路赶来主持庆典，并祝贺词。他曾经说过："他在自由世界，获保首领以殁，全出孙老将军之赐……"两位老人久别重逢、相拥而泣的历史镜头及舒老将军于寿庆后致将军的信中有"匆匆一晤，情足千秋"的话语，将成为世人永久的美谈（舒老将军已于一九八九年春末溘归道山，令人衷心敬悼）。

将军留待会场的时间不长，切完蛋糕后，就由家人护送回家，祝寿的人群怀着已经得偿的心愿，平静满足地离去，祝寿大会结束，而将军的清白和荣誉也为天下人所共鉴。世事虽险，天理尚存，公道自在，人间还是有温暖，已在这儿得到铁一般的证明。

“华鬓伤逝水，驹光警岁寒”，一九八八年将军九十大寿庆贺之声还萦绕于耳畔，一九八九年的十一月二十七日已经又过去了。在昏昏灯火、话语平生的晚昏岁月里，将军除了以他一向忧国忧民、念兹在兹的心怀忧心挂怀外，我觉得他怀乡念土之情，随着返乡探亲的人回来以后点点滴滴的谈述变得十分殷切，时时在话语中言及他记忆所及的家乡诸种情事。去年十月有将军昔日袍泽刘君返乡探亲，他特地到舒城金牛山走一趟，代替将军探望他的故宅，带回那暌违多年的信息。我记得我们去时，将军兴奋的谈着话，说他们的老家还在，已经被改成一个学校了，就是现今的金牛中学，虽然面目已非，但房舍庭园还在，他念念不忘的门前两棵皂角树也还在，还好好的在大门外，他们没有把它砍掉……对这无意中被保存下来的小小景物，他似乎十分珍惜，反复提了几次。当年上树“搜索”雀巢，树下追逐嬉戏的时光，又重新回到他的眼前。“白发无情侵老境，青灯有味似儿时。”那竹马风鸢、结伴野玩的童年，那样使他沉湎回味，假如他能重回故乡，一寻儿时的足迹，想必是他晚年的一大滋慰。但路途遥远，交通工具递换的不便，辗转颠簸的疲劳，将军的体力是否能支持是大家不能不关心、不能没有顾忌的。然而今年十月十二日，许逖与潘德辉先生（原新一军参谋官）、罗超群先生（原孙立人将军的照相官，四十四年来历经万难，辛苦的保存了将军的历史镜头）以及出版《百战军魂》一书的懋联文化基金会的负责人黄先生和多位同仁还有我，一起到孙府将书呈献给将军。那天将军放弃平日午睡的习惯，早早就在客厅等着，他亲切地和每个人握手，手握遒劲有力，握完手后，许逖看他神采奕奕、脸容欢愉，就说："将军以总司令的口令，命令大家坐下。"将军果然大喊一声："大家坐下！"非常出乎我意料的，他声音洪亮，跟以前说话完全不一样，我虽没听过将军当年怎样下口令，但我想就是这个样子。以前他体气微弱是冤诬未雪、忠诚得不到表白、长年悒郁摧残他的身心所造成的，现在他的清白与荣誉既为天下人所共鉴，忠诚之心亦昭明于日月，那么他的健康和体力当然应该能恢复，从他握手的臂力与喊口令的声音已得到证明。就在近几天，"东方艺坛之狮"——刘海粟先生由大陆来台访问。他以九五高龄之姿，戴着墨镜，颈上圈着大花环，脸色红润、神情愉快地出现在中正机场。那么我们昔日龙威虎猛的百战英雄以稀有的高龄，完成返乡探望的心愿，当然也是可以期待的。

最近我又听许逖说，将军将在《"中国"时报》连载的回忆录的稿费，二百万悉数捐出，作为长期青年的奖助学金。在这工商挂帅、十分功利现实的社会里，将军还是不改他一生关爱后生学子、廉洁不贪、仁厚好施的鲠骨和风概，深为我们晚辈所钦仰，在这里我终于体认到，将军为什么会受那么多人能发自至诚永久的敬爱。

一九八九年十二月三十日完稿

此文由唐西玉先生同名的《将军白发》摘录而成

拉杂摭记

罗超群[①]

一九四九年年底，仲公即为我办理来台湾的入境，我离港入台到凤山报到，再度挂上少校领章，任仲公的随身照相官，常常形影不离地追随他，几乎成为他家中的一员。他待我确如家人弟子，温厚慈祥，为人处世懿行德范，终身不忘。

我是只身由港入台，内人因为要侍奉病中的双亲，未能同行。仲公知道后，总是问我广州有消息无有？一九五三年，有一次我随仲公全家游阿里山，经过一间寺庙，仲公很诚敬地说："我来为超群求个签，看他太太什么时候能来一家团聚？"那竟是一支上上签。果然不久，内人带着孩子由香港转来台湾，仲公为我们特别安排了住处，这份恩谊，我们一家感载不忘……

一九五三年，军士教导总队的少尉排长李波文君，

①罗超群先生是一九四五年日本无条件投降，新一军进广州受降时参军，之后追随孙立人将军四十五年，为历史留下许多珍贵镜头的一位新闻摄影记者。本文摘自他的长文《形影追随四十五年——一个白首下僚心目中的孙老总》——编注。

因学员步枪走火，右眼被创，不但失明且发炎溃烂，必须动手术切除，装义眼，其时军中医疗机构无此设备，又缺经费营外医治，使李君十分苦恼惶恐，投告无门。偶然的机会我认识了李君，在了解李君情况后，即向仲公报告李君的不幸境遇，仲公立刻召见，给予关切慰问，并自己出钱替李君装了义眼，使李君解脱苦恼。这种长官仁厚的关爱，在军旅生涯中，绝不是轻易可得到的，而李君对仲公的恩助，也确是铭佩终身的。（李波文另有文，详述经过，以感念仲公。）

李健飞、陈鸣仁两位将军，一九五〇年辗转来台投奔老长官仲公，仲公向当局以全家生命保证他们对党国的忠贞，但不久他们仍遭逮捕、军法审判。其时仲公整日为“国”奔忙，席不暇暖，亦不便亲往探视，只有我不时为他们送些牢菜与日用品。仲公知道后，就常向我问他们的情形，我据实回报后，仲公即叫我不要再掏腰包，由他出钱为李、陈二位送狱中所需用品。

当时政治气氛寒冽，人人只图自保，绝不敢沾惹思想问题的案子，唯有仲公从不为自己的前途挂心，念兹在兹，要为这些共过生死的袍泽洗冤雪罪，直到仲公自己遭到同样诬陷才停止营救。

我随仲公校阅部队，仲公绝不接受部队的任何招待，只和官兵共进日常伙食，而且从无一次例外。

我生平追随过的军事首长不太少，却从未见过第二个和仲公一样，真正与部属在生活上共甘苦的高级长官。

一九五四年六月，仲公调任“总统府”参军长，临办交代前，仲公对我说：“辛苦你多少年了，我们照张相片留作纪念吧！”随即由同事用我的相机为我们按了一张，这该是我生平最珍贵的镜头。

仲公离开陆总部后，仍时常召我为他照相，他有什么宴会也一定要召唤我去，所以直到一九五五年所谓“孙案”发生，仲公被软禁台中，我和仲公之间才断了知闻。

历年为仲公所拍照片的底片都由我保存，仲公“长住”台中后，过了一年，时任陆军供应司令部照相勤务组之张副组长常常来找我，令我将仲公所有照片及底片销毁，我与几位新一军的老袍泽商量后，决定无论如何要把这些底片保留下来，这些照片一定会派上用场，最后历经“万难”，仲公的历史镜头终于得以保存下来。

时经三十三年，我早已离开军伍，虽然寒舍遭过台风和雨，谁还能说世间没有真正的天理呢！

仲公恢复自由的消息证实时，我却因腿骨裂伤卧病在家，不能即时赶至台中拜谒，心中真是急如火焚，挨到是年十月，我的腿伤总算痊愈了，也赶上了为仲公庆祝九十大寿。

第一次到台中向上路拜谒仲公，见面时让人不禁要热泪夺眶而出，因为三十三年幽居的岁月，已让我们龙姿虎仪、气盖山河的老总老了，真正的衰老了。我们的中国战神、民族英雄已成了体气衰弱、说话无声、动作蹒跚的老头子了，他洪亮的话声、爽朗的大笑、炯炯的眼神，现在都没有了，让人怎能不想拥抱他老人家放声痛哭一场呢！

但仲公的慈祥温厚一如往昔，他仍殷殷垂问我和内人、孩子这些年的生活情形，他知道我的孩子四个都已长成，且都有了专长，而现在我也做了祖父和外祖父了，他脸上流露出温煦的笑容，频频点头说："好！好！你也做老太爷了。"

一九八八年十一月二十五日（旧历十月十七日）是仲公的寿辰，我终于有幸再为仲公用照相机，并且在玉观音素菜馆的寿宴上见到了当年的袍泽。

十一月二十七日，台中市中正国民小学的仲公九十高寿庆祝大会，在我个人应该是来台四十年所看到的最真挚感人的一场聚会。五六千名旧日袍泽，为了一瞻他们崇敬的老长官的风采，其中很多从世界各地赶来向仲公拜寿。舒前副总司令、适存老将军以九十二岁高龄，扶病亲赴会场主持大会。我和五儿广仁，父子上阵，为仲公抢下所有最感人镜头。当孙、舒二公初见面相拥而泣时，在场者无人不感动得泪如雨下。仲公由安平、天平兄弟扶持进入会场时，看到他们亲如父师的老长官已真正老去，也不禁频频拭泪。其实，大家不都老了吗？三十三年无情的岁月让当年幼年兵部队、女青年大队的“小孩子”都已为人祖父母了。

但时间并没有抹灭大家对仲公的崇敬爱戴，英雄到底是英雄，公道永远是自在人心的。

仲公九十大寿以后，我又恢复了“孙老总照相官”的“职务”，仲公的一切照相事宜，又全由我来包办了。当我把一本本贴好的照片相簿呈现给仲公审阅时，我看到他脸上时露欣慰的微笑、时露感怀的怅惘，我知道那些前尘梦影又回到他眼前了。

一九八九年夏天，许逖教授为仲公所写《百战军魂——孙立人将军》一书完稿，由懋联文化基金会出书发行，仲公令我以照片配合，一切顺利理想。

十月十二日，懋联负责人黄富雄先生率懋联同仁，与许逖、詹西玉小姐，同到孙府向仲公献书。

那天仲公的精神特别好，大家谈笑风生，并且还应许逖之请，发了总司令的口令“大家请坐”，声音洪亮，响彻屋瓦，大家听了十分兴奋。事后黄富雄先生一再表示，能为孙将军这样的英雄出书，是绝对应该的事，果然过了一阵子，懋联机构的全体成员开了浏览车，特意到台中去向孙老将军致敬。

一九八九年冬季以后，仲公的体气更加衰弱了，台中荣总时进时出，本来和许逖、潘德辉约好要陪仲公回大陆故里扫墓的心愿当然要落空了。

一九九〇年四月底，“清华大学”校庆，特为仲公做一次杰出校友生平介绍摄影展。杨觉民、许逖两位教授和负责展出事宜的“清华”校友黄小姐特来舍间选出照片，由我逐一放大，再由许逖教授写好照片说明与分期标题，成功地如期展出。

展出期间，清大校友前“行政院长”俞国华夫妇曾亲往观赏，俞先生并特别按标题与照片说明逐一将“故事”解说给夫人听。由此可见仲公在清华人心目中的地位。

为了替仲公尽点心意，柳作梅教授、许逖、潘德辉和我经常约好定时同往孙府，并商定仲公有任何事我们必须互相通知，尽快赶到孙府帮忙。

一九九〇年十月十一日，我们又按时在孙府会面，那天仲公忽然精神恍惚激动，说了许多平时绝不肯说的激愤的话，在那以前也有过类似的情形，但都没有这次严重，大家觉得情形不妙，延至下午，终于在两个人的扶持下，把仲公送进荣总台中分院；自那以后，仲公也就未再出过院了。

住院期间，我和内人、孩子曾往荣总探视，见到仲公时，他老人家身上插着管子，虽然还认得人，但已经不能说话了。

延至十一月十九日，仲公终于丢下家人和敬爱他的袍泽……

一九九二年十月十七日于台北永和

丧 礼 记

沈敬庸

我于一九九〇年十一月初回乡探亲归来，见报载孙立人将军病重消息，内心日夜不安，想见他一面，乃于十九日上午八时搭早班火车赴台中，赶到孙府已是十时四十分。庭院空寂，只见安平一人在家，我问孙将军病况。他说："家父已经临危，正由荣总医护车送返家中。"未久，医护车到达，张夫人美英偕子女中平、天平、太平下车，随侍医师、护士将孙将军抬到中庭床上安眠，量血压突降，得家人同意，将呼吸辅助器及点滴管拔除，孙将军平静地离开人世，时间是上午十一时十五分。

医护人员离去，尼姑数名围坐床前念经超度，孙夫人及子女跪侍床侧，我也随同跪在孙将军面前，口诵"南无阿弥陀佛"，祷祝将军灵魂升天。

跪祷了一个多小时，我在盘算如何料理将军丧事。我站起来先打一通电话给"行政院"郭组长天佑兄，请他报告郝院长，孙将军已经逝世。后来孙将军三位妹妹菊人、宁人、璧人赶来，会商丧事如何料理，大家都认为这不是孙家可以办得好的。正在彷徨不知所措的时候，郑资政为元将军闻讯从台北赶来。他向孙将军行礼后，即邀孙夫人及我们至隔壁房间，商议丧事问题，询问墓地择在何处。孙家认为目前只有暂厝于孙将军生前经营之东山果园。郑资政请孙夫人安心，他回台北将向李“总统”、郝“院长”报告，由政府妥善为孙将军料理丧事。这时我焦虑的心情始安顿下来。

下午六时许，我随郑资政同车返台北。途中谈了许多往事。郑资政说他在“国防部”副部长任内，因为是他业务主管范围，曾为孙将军增建住屋，嘱咐荣总医院妥善照顾孙将军医疗，并安排保全公司人员保护孙将军安全。郑资政为人做事之周到细密，是无人不知的。他对老长官的照顾自然更是无微不至。

十一月二十一日上午十一时，我约同张佛老一同去拜会郑资政，郑资政说他已报告李“总统”。“总统”指示：从优安葬孙将军，丧礼应隆重、朴素、不铺张。以后治丧会就是根据此一指示料理。郑资政同时也报告郝“院长”，“院长”指示一切依照军礼办理。因为孙将军曾任陆军总司令，依例由陆军总部主办，“国防部”及退役官兵辅导委员会协办。至于治丧委员会主任委员由谁担任问题，我与佛老均认为郑资政最为适当。郑资政为人一向谦冲，他又推荐安徽乡前辈杨亮功先生担任。而且他亲自去与亮功先生商议。郑资政还说，他应菲律宾军方邀请，明日启程前往“访问”，在“出国”期间，指定我与“国防部”、陆军总部及辅导会居间联系。对于这份工作，我义不容辞。

十一月二十日，我与“国防部”办公室赵副主任淦成、陆军总部王副参谋长贤志及辅导会冯处长传勋四人在南昌街陆军联谊社商讨丧事应办事宜。决定墓地绘图请辅导会荣工处蔡荣祥工程师先绘图样，交陆军总部派工兵营建，棺木请孙家选购，孙将军行述及讣闻等由我协调家属商请许逖与柳作梅二位教授早为准备，一切费用陆军总部先行垫付，待郑资政“返国”后请“国防部”资助。至于呈请“总统”褒扬令，由治丧会备文呈请“内政部”转报“行政院”，由院会通过，呈请“总统”颁发。一切商妥后，就在陆军联谊社共进午餐。此处原是孙将军初来台湾时故居，触景伤情，心中难免感慨，当年盛况已无可寻矣！

孙将军逝世消息传出后，政府首长、社会贤达，以及亲友旧属前往台中孙府吊丧者络绎不绝，接待布置工作频繁，幸孙家亲属及将军故旧闻讯从海内外赶来，自动前往孙府照料协助，尤以立新社同仁不分昼夜，大家心甘情愿，都想给老长官尽一份力，把丧事办得尽善尽美，为老长官争取最后的荣耀。

郑资政“返国”后，于十一月三十日上午九时，在三军军官俱乐部，约同“国防部”赵副主任淦成、陆军总部王副参谋长贤志、辅导会冯处长传勋、张佛千、张善治等人会商丧事料理情形，各人就其所办理事项提出报告，郑资政一一予以裁决，并就第二天召开治丧会应行商讨事项做一番准备。我提出内政部呈请“总统”颁发褒扬令事，尚未提出“行政院”院会讨论，郑资政允再催办。

十二月一日上午九时，在三军军官俱乐部举行孙将军治丧会，与会者约有百余人，推行郑资政主持。会中荣总台中分院院长报告孙将军病情如后：

“孙将军从一九八三年四月开始，每年都来本院做体检。当时主要发现有主动脉粥状硬化，脊椎退行性关节炎。此后定期在复健科做物理治疗。一九八四年发现前列腺肥大及多次合并泌尿道感染。一九八七年十一月发现有心律不整现象，经装上心律调节器后，症状消失。一九八八年四月体检时，发现有帕金森症，给予药物控制。一九八九年至一九九〇年间因胃炎、便秘、肺炎等病前后入院治疗七次。一九九〇年十月十一日因帕金森氏症发生吞咽困难住院，十月二十六日因病情改变，又发生呼吸困难，经检查发现肺水肿、心包膜及左侧肋膜积水，转送加护病房，由相关科主任成立医疗小组，并请副院长叶庆澜医师为召集人，经过紧急处理与治疗后，病情逐渐稳定，于十一月一日转回病房，不料四日清晨又因肺炎合并败血症，再入加护病房，五日并发肺水肿，必须靠呼吸器辅助呼吸。除了肺病疾患外，肾功能、心脏功能又相继衰竭，经医疗小组全力救治，终因肺炎败血症导致多项器官衰竭，逐渐陷入昏迷及弥留状态。经家属要求于十一月十九日上午十时四十五分自动出院，将军返家后，于同日上午十一时十五分心跳及呼吸停止，寿终寓所。”

会中决定治丧委员会主任委员恭请杨资政亮功担任，副主任委员推请郑资政为元、阎振兴主任委员、许历农主任委员及陆军总司令黄幸强上将担任。凡参加治丧会者均为委员。美国弗吉尼亚军校代表叶晨晖博士携来校旗，请求覆盖校旗。“国立清华大学”校友代表洪同请求覆盖“清华”校旗，并推请许历农、温哈熊、黄幸强、罗本立四位上将覆盖“国旗”。另推请陆军总部王副参谋长贤志担任总干事，立新社樊仲英担任副总干事，最后由孙将军男女公子中平、安平向治丧人员叩谢。

在十二月七日公祭前夕，郑资政赶往台中，亲往墓地察看，见已大体完工，又至台中殡仪馆督导布置灵堂，在场孙将军旧属最感焦虑不安的，是“总统府”的褒扬令尚未颁发，直到午夜过后，“总统府”始派专人送到，这时大家加紧布置，到了天亮才算完竣。当天夜晚从海内外赶回来的孙将军亲友旧属都齐集孙府，为将军守灵。

十二月八日上午七时，孙府举行家祭，有家属旧部百余人参加，孙夫人及四位子女皆泣不成声，部属无不泪下，历一小时。随即移灵至台中市立殡仪馆，陆军总部派五百名乐仪警卫人员护送。

孙将军灵前中央布置“总统”褒扬令与旌忠状，两旁摆设蒋夫人美龄花圈，以及李“总统”、严“前总统”、李“副总统”、“五院院长”致赠的挽额，和孙将军生前获得的国内外勋章，灵柩周围布满黄白相间的菊花。四周墙上挂满了挽幛及挽联。其中最引人注目的是前“监察委员”陶百川先生送来一副“忠义遗憾”挽联，换为“忠义昭著，公道伸张”。和一位仰慕孙将军的日本打狗县埤头市吴明胜致送的挽联——“支那人民多少泪，中华从此无将军。”我也致送挽联一副，表达我的哀悼——“带兵如子，用兵如神，基地练新军，未酬壮志英雄泪；战无不胜，攻无不克，异域征倭寇，勇振天声军人魂。”在丧礼进行中，一群大学教授包括东吴大学校长杨其铣、“中央研究院”近代史研究所所长张玉法等学术界人士，当场展示一副红色挽幛，上面写着“中国军魂”四个大字，表达他们的敬意。

公祭从上午九时开始，参谋本部、陆海空军总部、军方和民众，分别依其单位，组织成队依序陆续进入灵堂祭拜，尤以旧部新一军、第四军训班、女青年大队、幼年兵总队，均行跪拜礼，不少老兵跪在灵前哭泣，由旁人扶着离去。

上午十一时三十分举行覆旗典礼，先由“总统府”资政郑为元上将主祭，继由“清华大学”刘兆玄、李干、张昌华、洪同覆盖“清华大学”校旗，接着由温哈熊、叶晨晖、温子俭覆盖美国弗吉尼亚军校校旗，最后由许历农、温哈熊、黄幸强、罗本立四位上将覆盖“国旗”。

祭礼由上午九时至中午十二时许，为时长达四小时，前来行礼的有“国防部”陈部长履安等近万人。场面隆重肃穆，气氛朴素哀戚。

下午一时出殡，由十名宪兵抬起灵柩，缓缓将铜棺放进灵车，由灵堂发引，前往东山墓园。出殡队伍由十二辆宪兵机车开道，紧接在后的是高悬李“总统”颁赠的“轸念勋猷”挽额及六辆勋章车，中间是孙将军灵车，最后是送葬车队，前后约一公里，沿途路祭者纷纷烧香燃炮拜祭。

下午三时，灵车抵达东山墓园。礼兵将孙将军灵柩安放进墓位上盖后，家属、故旧数百人在郑资政率领下向孙将军行最后敬礼。空谷中，鸣放葬枪，吹安息号，参加者闻声潸然泪下，默祝孙将军神灵与山木常青，光耀天地间。

悼念孙立人将军

冰　心

孙立人将军是吴文藻的清华留美预备学校的同班同学。我们是一九二三年八月十七日同乘美国游船杰克逊号到美国去的，但那时我并不认识他。

我们的相熟，是在二十世纪四十年代初期一九四二至一九四四年之间。那时我们在重庆，他在滇缅抗日前线屡立奇功，特别是在英国军队节节败退之后，孙立人“以不满一千的兵力，击败十倍于我的敌人，救出十倍于我的友军”，在世界上振起中国军人的勇敢气魄！

孙立人常常要来重庆述职。（所谓之述职，就是向蒋介石解说“同袍”们对他的诬告。他不是“天子门生”，不是“黄埔系”，总受人家的排挤！）在此期间，他就来找清华同学谈心，文藻曾把他带回歌乐山寓所，这时我才得见孙将军的风采。在谈到他在滇缅路上的战绩时，真是谈笑风生，神采奕奕！他使我们感到骄傲！

一九五〇年国民党撤到台湾，他出任台湾防卫司令。一九五五年六月，当他调任台湾“总统府”参军长时，因所谓的“一名部属准备发动兵变”而被罢黜、被看管。同年十月，孙立人将军被台湾政府免去职务，软禁了三十三年。直到一九八八年蒋经国去世后才由台湾“监察院”公布调查案，孙立人将军才获得自由，这时他已是八十八岁的憔悴老人了！

一九九〇年三月，我曾通过台湾的许逖教授给孙立人去了一封信，希望他能回大陆一行，不几天就得到孙将军的复函：

婉莹嫂夫人大鉴：

许逖先生来舍，朗读手书，其于立人，尤殷殷垂注，闻之至为感篆。回忆同舟东渡，转瞬遂近七十年，昔日少年，俱各衰迈，而文藻兄且已下世，人事无常，真不可把玩也。立人两三年来，身体状况大不如前，虽行动尚不需人扶持，而步履迟缓，不复轻快，有时脑内空空，思维难以集中。比来除定时赴医院作复健运动外，甚少出门矣。故人天末，何时能一造访，畅话平昔，殆未可必然，亦终期所愿之得偿也。言不尽意，诸维珍卫。

顺候

箸安

弟孙立人拜启

一九九〇年五月十五日

去年，在我的九十岁生日（十月五日）又得到他的贺电：

海内存知己，天涯若比邻。

欣逢九十大寿，敬祝福如东海，寿比南山。

弟孙立人拜贺

不料过了一个月，有一位年轻朋友给我寄来一张香港《明报》的剪报，上面载“因兵变案软禁三十三年，抗日名将孙立人病逝”。记者写的“昨日”是十一月十九日。

屡次替孙将军和我之间传递信息和相片等等的台湾许逖教授，前些日子又给我来信说：“孙立人将军的丧礼确是倍极哀荣，自动前往吊唁者一万余人，今后在台湾大概不可能再有同样的感人场面了……”

从许逖先生带来的孙立人的相片上看来，三十三年软禁后的孙将军显得老态龙钟，当时的飞扬风采已不复留存！本来应是三十三年峥嵘的岁月，却变成蹉跎的岁月，怎能不使人悲愤？

我少作的集龚绝句，其中有：

风云才略已消磨，
其奈尊前百感何。
吟到恩仇心事涌，
侧身天地我蹉跎。

竟是为孙立人将军写照了！哀哉！

一九九一年二月二十日黄昏

原载一九九一年北京《中国作家》第三期

烧把纸钱祭冤魂

周良沛

是，将军去世了，去世了，孙立人将军去世已五年了。

我是再明白不过，我就是他生前会见的最后一位客人，也是他被囚后见到的唯一的一个大陆来访者。他那位于台中大里溪，坐落东山坡头，俯视大坑风景区单线条的、造型简洁而又颇为壮观的陵墓，其灰白的石墙与前庭毛面之粗粝，与陵寝印度花岗石的纯黑色之漆黑，在亚热带的阳光下是那么强烈地以其色彩反差的对立在抗衡着、庄重着、沉重着。在那坡头，连那两侧黑松的松针自然也是黑的，就似沉重佩在大地的一方黑纱，沉重哀悼一颗不屈、强悍的灵魂。

他，确实被盖棺了！

他，盖棺就定论了么？

他，确有定论，也早该有定论，而又确实没有得到某种通过官方程序给予的定论，是那既折磨了他半生，又是目前再也无法损他丝毫的“定论”！

然而，将军旧部郭廷亮，准备与联络好曾被孙立人株连而所谓“孙案”中的难友，要在孙立人周年祭时，如何行动以还其清白之际，却在一九九一年十一月十六日，返回他在中坜的家时，竟莫名而又离奇地“摔出”火车之外，昏死在月台上。他所携带当年在台北西宁南路保密局及其他侦讯场所退休情治人员的机密“自白”，涉及“孙案”之设计的有关将领资料，和他自己上致“总统”及各界的陈情书全部“遗失”，八天之后，郭廷亮也神秘地死去……又是烟，又是雾，已经去世的孙立人，也无法安宁啊。

郭廷亮，是一九三九年在昆明考入财政部税警总团学员队二期的一个原来在云南大学的学生。那时，孙立人正是财政部盐务总局缉私总队中将总队长。从此，他作为总队下的一个准尉班长而后随孙将军远征缅甸，胜利后又回昆明。内战，蒋介石在东北、中原、华东战场节节败退，郭廷亮和早已到台“加强防备”的孙将军取得联系，就照料部分新一军、新七军孙的旧部辗转去台，自己也在陆军军官学校教导营。时任

孙立人将军在原是希特勒用火车车箱改制的流动作战指挥所再改建的盟军贵宾招待所

“总统府”参军长的孙立人在屏东召见他时讲：“据报告，最近陆军部队的一般基层干部士气低落，你要抽暇从侧面对他们多加鼓励，把兵带好，以保持部队的士气和战斗力。切不可松懈怠惰，致使多年的训练成果毁于一旦。”

对于郭廷亮，孙立人无疑是他的一大精神偶像，而在国民党的将领之中，爱兵，更重要的是知兵者，就莫过于孙立人了。他到部队点名，是不用花名册的。他在操场或街上从前面的一个背影，就可以叫出他手下士兵的名字。有位现在大陆，当年曾远征缅甸的曾文斌记得，孙立人陪同史迪威到前线视察，是士兵着装，头戴钢盔，背着步枪，看到九连连长王学义坐在地上吃饭，就持枪敬礼：“报告连长——”连长抬头一看是将军，赶忙站了起来，将军看他精神特紧张，就说：“你是连长，我是一等兵！”王学义笑了，空气顿时轻松起来。那时只有十七岁的曾文斌也调皮起来：“你是一等兵，我是上等兵，我比你还高一级！”“是，报告上等兵——”他又持枪向曾文斌敬个礼，大家更是大笑起来，史迪威也翘起大拇指。事过一年，将军下连队检查内务，曾文斌看到将军举手敬礼，孙立人一下就认出他来了：“你是曾文斌嘛，不错，上等兵升上士班长了！”曾文斌也不怕跟军长开玩笑了：“你也是师长升军长了！”在场的无不开怀大笑，军长也不例外：“好好干你的，有办法的！”他不仅跟大家一样，坐在地上吃一样的饭，大家完全是出于尊长和对他个人一种亲近的感情，要抢过碗去添碗饭他也不干："我是吃得很多的，你只跟我添一小点怎么办？"这时大家的感动，就不是以一笑可以笑出来的了。抗战后期，物价波动太凶，吃粮支饷的，生活都很苦。拖上眷属，要不是拿着枪杆子胡乱来，也不容易维持基本生活。孙立人要自己太太和部下的眷属统一集中在桂林，他调派了二三十辆卡车，从广东湛江运送一些肥皂、毛巾、牙膏之类的后方紧俏日用生活品到柳州、桂林，用地区差价的盈余用以补贴眷属，稍解各家之困据。可是，湘、桂、黔大撤退的难民潮一节一节滚雪球似的，越来越涌地往后流，长沙大火，衡阳失守，桂林也吃紧，在桂林的眷属和有眷属在桂林的前方军官为此都惶惶不安。将军马上电告留守处处长："一、集中所有的卡车，双班制驾驶，往返二十四小时不停，由桂林全撤到柳州，第二步由柳州全撤到南丹，第三步由南丹全撤到独山，第四步由独山撤到贵阳；二、排长的眷属没有撤完之前，连长的眷属不许上车，连长的眷属没有撤完之前，营长的眷属不许上车，依此类推；三、留守处长及眷属，和他的太太，必须坐最后一班车；四、命令严格执行。"此令真乃是前线后方的定心丸，两班轮流加强，二十四小时车轮都不停转的军用卡车，由桂林而柳州、而南丹、而独山、而贵阳，卸了车就马上调头，连轴转。长官们的太太，也得像她们的男人在军营、在战场那样，不是以官大搞特权，危难之际，更要体恤下属，上下一致，患难与共。先上车的下属眷属，她们在那随着汹涌流离失所的难民潮滚来的苦难与战事失利的悲观时，都知道不用害怕，长官的眷属还在后面呢。然而，战事吃紧，自己先走了，也不能不管后面的人，于是，个个都情愿扔掉些杂七杂八的东西，少占些空间，多上几个人，使大家都能井然有序地安全撤离。那是不安静的年月，部队在战火中更是动荡不已，尤其是上下级之间，无论战时人命关天的是非，还是派系、人事之间的私怨，话不投机，下级军官拔起腿就可以溜。那年月，不要说少个把人，就是少十少百，长官在这战时更可以吃空缺、报伤亡，而要扩充实力的，总得招兵买马，对于那此处不留爷的，他还不愁没有留爷处。“铁打的营盘，流水的兵”，但兵，更多是下级军官，要如此“流水”，是长“流水”，那“营盘”自然也无法是“铁打”的了。我认识一位由老税警团而“远征”的兵倪洪枢，他是家里穷得出外要饭的小孩子，却被抓壮丁的把他抓去顶人头。这位没有吃过一顿饱饭的小花子才十四岁，即便他比一支枪还重一点，也扛不动一支枪，然而，当兵吃粮，要丢了一支枪，也是可以要你丢脑壳的。他要饭时，是哪条路都由他走，又条条路都走不通，也就没有开小差的念头。连队似乎也不怕他跑，也照顾不了他，就由他一个人在后头拖，掉队掉得刚赶到宿营地，不要说休息，连饭都还没有吃饱，队伍又出发往前走了。他就这样歪歪倒倒，一天比一天，一时比一时，两腿更难提起来，步子也迈不出去。

那扬起尘土的汽车呼啸而过时，在那不宽的公路上侧着身子闪开一点，额头上都渗出一头冷汗。但有辆小吉普还不到他跟前，孙立人在车上就看到这个人还没枪刺高、军装的上衣已遮到膝盖的小兵之行走的狼狈相了。他下车挥挥手，叫这小兵上了吉普，知道他是哪个连的，也没更多的问话，几乎是自言自语的，指着那连长的名字说他乱弹琴，“自己还有兵在后头，居然就那么自在地走了”，“这么点大，枪都扛不动的毛孩子，怎么叫去打仗嘛！”后来让他学文化、学技术、会开车……半个多世纪过去了，这小兵也快七十了，跟我说到此事，只听到他的声音在颤抖……而将军远征印、缅，那在卡萨阻击敌人、掩护英军的官兵更记得，因为撤退时必须通过一座大桥，孙立人估计英军可能抢先炸桥，便亲自随这一连人行动。果然，英军退到桥边，害怕后面的日军追了上来，就提出提前炸桥。“不，不行！”他叉开总是穿着他保持将军仪容的高筒马靴的那双腿，叉开来就定定地站立桥头。在敌人追击得万分紧张的情况下，这最后的一连兵终于到了，但他还是一再追问“有无落伍的弟兄”。等又过了十多分钟，后面的三位弟兄还跟着十余名英军也赶到桥头时，他才厉声地吼道：“炸！”这连官兵望着桥飞路断的江面，不约而同地围着将军放声痛哭……

可是，这位将军训练新军，打人也是出名的。又称“斗笠军”的新军，人人戴斗笠，着红短裤，腰上紧扎到手指不能伸入为止的一根约三寸宽的美军帆布皮带，在皮带与肚皮之间，用两根指头猛地插下，如果得隙而入，立刻就拳头上身；出操不力，则以从不洗的臭脚鞋放在仰卧的口、鼻之上，勒令深呼吸；内务不整的，在众人入睡之后，背了被窝要他绕着营房长跑，谓之“跑警报”；要有别的违章犯规之事，轻者，以擦枪的长通条猛击掌心，重者，以五花大绑式由班长们按住手脚在水泥地上，用扁担打屁股……有次，下团队留在那里吃午饭，孙立人发现菜里有个小虫，立刻就把伙夫喊来罚他跪在桌前。司书袁子琳突然难以安宁，放下筷子呆呆坐在那里，团副问他为什么不吃了，他惶惶而低沉地说：“他跪在那里，我吃不下——”孙立人当即叫那位伙夫起来，饭后，要司书随他去团部，说他定要纪律严明、赏罚分明，却不要军阀习气：“你以后凡是发现我有任何处置不当的事，不要怕，尽管说好了，我会改的……”可是，事情太复杂了，你自己要改，这世道也能随着你改么？

人，是复杂的，事情也不会总是那么简单，下属看到自己长官能有这份诚意就好了。而许多事也会有反差，人也会反复，一个人的性格也不会像他搞训练那么按部就班，完全是按着时序在发展的。

还在抗战远征之际，学生队“刘里悦自杀事件”在艰难的征途更为动乱军心。作为新三十八师的师长孙立人特别召见了一位死者的好友，这年轻人对着师长冲口而出道：“我们认为师长骗了我们！”众目睽睽，这是叫人下不了台的难堪，也是难以开始的对话。说脾气，孙立人火起来，那火是不会比别人小的。可他知道，这些青年从沦陷区逃到内地，受尽苦难，投笔从戎，是要报国雪耻，可那大后方只见歌舞升平于国破家亡、政府贪污腐败于民不聊生之际的现实，并非他为将军就可视而不见，为他同样有报国之志而可以无动于衷！台湾“清华”的洪同教授，年轻时也曾在部队待过，跟孙将军共过事。他就跟我说，孙立人有着终生记恨的两个耳光，那是十一二岁时在还是德国占领区的青岛，一些德国小孩子硬生生地要从他手上把他在沙滩捡到的漂亮石头抢走，争夺不下时，一个德国佬过来，“掴掴”就是两个耳光。那强国强权的气焰，在他知道中国近代列强的欺凌之下的丧权辱国历史之后，那庚子赔款所开办的清华大学能保送他到美国留学时，他就是要学军事。父亲要他学土木，他在普度大学学完土木工程，就请学校保送他到弗吉尼亚军事学校学军事……他能理解这些学生的满腔热忱被大后方无情的现实弄得悲观失望、满是情绪的心结，那位刘里悦于此再遇到一个简单粗暴的班长，遇点小事，不适当地给了过分的处罚，伤害了读书人的自尊而自杀的心态。为此，军心动荡的现实，他还能不正视么。可这一切，又哪里是三言两语说得清楚的呢！第二天，他为这批知识青年上了一堂大课，还把刘里悦生前所在的那一班人叫到前面坐在第一排。

面对前面的两百多人，他就讲自己在美国快要大学毕业时，人家就告诉他，“弗吉尼亚”打人打得厉害，他说：“没关系，我挨打挨惯了！”本来觉得自己还不错，趾高气昂的人，可一进这所军校的门，威风就没有了。那时，“弗吉尼亚”打学生不当回事，已经形成一种传统。新生一进去叫“老鼠”，读够一年的是老生。新生无论是得过什么学位，也得像从前的童养媳一样；老生就像公公婆婆，有理无理一天给你三顿打，三天给你九顿骂。就是这样养成你绝对服从、绝对尽职，同时绝对诚实的性格。军校，有来自各国的学生，有位晚他一年的中国新生，晚上念书时，老生进来，他没马上站起来立正，老生当场就拿着刺刀把打了他几下，他一反抗，老生是不能允许这样的，联合了许多人来打。送到医院，医生是看惯了，也看不起他，说他不够种。他找到孙立人哭：“怎么办，我要把命送在这儿，是不能干了！”“你太丢人了，来这儿的中国人本来就少，你这样弄得我们都没有面子！既然来了就不该半途而废。能不能干，也还是在你自己，

驰骋缅北战场

如果你是决心要干，他不能把你怎样，你要没有这个骨头，他就是不打你，你也干不了！”后来，这人退了学，退了学人家就讲你中国人不够格，真扫面子！他孙立人并不欣赏这套，可是入了这道门，他就不信自己熬不出这道关。所谓“忍辱负重”，就是要“忍”，要达到自己的目的，就要有忍耐的能力去克服一切，没有“忍”字与毅力，绝对受不了折磨。不然，一受挫折，灰心颓丧或自杀，你再大志也枉然。他做新生时，有天有个老生吃过午饭拿双白手套给他洗，两个小时就要，这不是叫人为难，也是有意刁难。手套洗好，没有太阳，又没火烤，他急中生智，找根小铁丝圈起手套挂在椅子上，两手各拿一把扇子，左右开弓，坐在地上硬是扇了两个小时，才把那双手套扇干。给老生送手套，先喊“报告”，立正，敬礼，双手才递上。这个老生看看他，又捏着手套在手上甩甩，不论是否有意刁难，孙立人总是做到叫他没有话好说，笑一笑，也只好让他走了。那时，军校的中国学生，有退学的、有死的，他却活过来了，才成了一个真正的军人、成了一位将军，能站在这二百多有志用枪报国的后来者面前……

仅仅靠这一席话，就想解决这些学生兵的问题，那太浪漫了。当年“弗吉尼亚”训练新生绝对服从、绝对尽职的那一套，也早该休矣，但将军从磨难而磨炼自己的经历，讲得那么亲切、诚恳，使他和大家的感情距离更靠近了。何况，他利用这些青年有文化之长，便于多学现代军事技术，首先个个都会开吉普车。另有解决不了的问题，也直接找师长反映。原来有些下级军官怕带这些学生兵，后来管起来也顺手了。

作为军队，作为军队的指挥员，从“弗吉尼亚”磨炼出来的将军，下属要有不服从之处也是不行的。但他所在的三十八师或新一军，他却没有把它当作当年的“弗吉尼亚”。有次，他在队前讲话，狂风、乌云飞卷，暴雨倾注，他在讲台纹丝不动。那讲话声虽然在风声雨声之中被风刮断、被雨淹失，但下头的官兵都知道，他没有中断他的讲话，即便他不吭声了，要不开口“解散”，你也是不能动的。台下个个都成了落汤鸡，心里再犯嘀咕，却连昂起头来看看天色的都没有。他在有顶棚的讲台，不管你是否听得见，这位口才并不十分好的指挥官仍然保持他在任何情况下的仪表，长马靴，笔挺的军服在修长挺直的身子上笔挺得有种军人威严的状况下，也不想缩减一点他的讲话。似乎台下官兵在雨中的狼狈相反而激发了他并不十分好的口才在此时趁机做更好的发挥。

这，也许就是“弗吉尼亚”在他身上无法消除的影响。但他讲完话，马上走下那有棚顶的讲台，有人赶紧跟下来撑开雨伞给他挡头顶哗哗的大雨，他侧头一望，那无声瞪过来的一眼，打伞的知错，慌了手脚，而他在泥浆中迈开靴子锃亮的军人步伐，站在队列排头，高声地发布口令，命令列队绕场正步走。雨，依然是瓢泼似的下，在士兵头上和在将军头上一样的下，绕场两周后，将军一身的笔挺也在滴滴答答，可在士兵心上的威严虽是永远的，但像落汤鸡的狼狈相却和他们是一样的，这时一声“解散”的口令在大家心里缭绕不已，个个望着他反而没有从大雨的滂沱中离去……

要是说，军队必有营盘，而营盘在“流水的兵”之“流水”中必然“铁打”，那么，孙立人，在他一生最为光辉——抗战远征的军旅生涯里，却是没有营盘的，进野人山，出胡康河谷，饥病交迫，绝路一条，与蛮荒、虫蚊苦斗，能生还者为万幸。可能走一天的路，只见走在前面已倒毙在途中的同团战友，而难遇到一个还能结伙同行的活人。军队，军队，已无队可列，宿营地的不定，正似水流的流动，而这些兵，倒真是铁打的兵，是铁了心地跟着他，几十年如一日……

在他这些兵中，有郭廷亮同他的这份感情和关系的，不是以十，也不是以百计。

早在一九三七年，他在税警团当四团团长，于“八一三”淞沪之战中身负重伤，代他指挥的一营营长李邦钦也不幸战亡，当他伤愈之后，对手下殉国的营长所留下的孤儿与遗孀，无论部队调南遣北、战事多么频繁，只要有机会，他都不忘派人去看望他们，尽力接济、照顾。到这孩子高中毕业，多方联系，接到凤山时，他只叫这个名为李严的走近到他身边，仔仔细细把这孩子看个够，才说：“你长得好像你父亲！”而这位七岁丧父、父亲出门当兵时还什么都不知道，也不知道父亲是何模样的孩子，一听这句话，心里是百样的滋味，都温暖于父般的慈爱。此后几十年，他们就以父子相称。李严上舰当海军，到考取“中大”研究所，到出外留学成为一名学者，到义父病危时又走到病床前……

还有在缅甸阵亡的张琦，尽管由于当时的战乱到两岸隔离，四十多年，他都不忘寻找张琦在大陆的独女张锦蓝，要把她父亲荣获美国追赠的银星勋章一座交给她……

还有，一九四二年新三十八师掩护英军撤出缅甸后，经野人山返国，为照顾落伍伤兵，竟在途中被俘，为日军囚禁，在仰光被害殉国的副师长齐学启，几十年，他都没忘记在齐学启早已葬身异国后，还在死者的故乡修一座墓……

这些都是早已作古的人……

还有，还有……

在战乱中失亲失学、无家可归，被他部队收留的孩子，小到七岁，大到十二三岁，多至一千四百多人，成立了一连“幼年兵”。对他们虽然也有作为强身的军训，队上的长官，主要还是教他们上课读书。还联系好周围的女中、女师的大姐姐们在假日来陪他们玩，帮助补习功课，还要为她们找个弟弟带回家去吃饭，让这些从小在外流离的孩子也有家庭的温暖。当中，就有不少人正式认过他为义父，直接为他所养所教。他夫人不育，早已皈依，退居在老和尚卓尘长老座下，出入栖霞山，参与做法会，虔诚礼诵，讲经弘法。他们还是一家子，后来也分居两地。人到中年，还膝下无子的将军，在这些幼年兵身上表现的父爱是强烈而深沉的。但他半百之后，获两男两女，对这些幼年兵之疼爱也不少于他亲生的子女。蒋介石到台南校阅三军，当礼车经过幼年兵总队排时，车速突然减缓，对这千余徒手站立、精神饱满之“娃娃兵”很有兴趣，吩咐下午再专门巡视幼年兵总队。老蒋一听人打小报告，说“幼年兵是孙立人成立的私人部队，为培养个人的干部打基础”后，“国防部”立即下令解编该总队。孙立人要这些孩子能做个平凡而有用的人，而这一解编，虽然牺牲了好多人的前程，也确实激发了好多人苦斗之韧性，成了不平凡的学者与将才，也有几十年没忘孝敬他的义子。为此，他也被称为“小兵之父”……

比之这些人，郭廷亮与孙立人上下级之间的关系再好，也好不到哪里去。

然而，这位在孙立人去世后也神秘死去，当年曾是陆军步校少校教官的郭廷亮，当一九五五年五月二十五日十八时，一位政工中校到他凤山诚正新村东二巷八十九号的住宅门前对他说：“郭教官，校长请你立刻到他办公室一趟。”于是，他的命运和孙立人就结上了这么一个解不开的结。他生前写的《陈情书》[①]道：

进入校长办公室后，校长吴文芝少将，指着总政治部第四组组长宋公言上校说：“宋先生要和你谈话。”

① 郭廷亮《陈情书》，见一九九一年十一月二十五日台北《“中国”时报》。

我正要问谈什么的时候，就被非法逮捕，拖出校长办公室，推上吉普车，向凤山郊区驰去。车行约十多分钟，在一栋充满恐怖的大宅院门前停下，立刻有数名大汉拥上来，将我拖入大宅院内。行约十多公尺，又被推入右侧一间厢房内。我抬头一看，在厢房的正上方坐着第十军政治部主任阮成章将军，他对着我大吼："郭廷亮，你是'匪谍'！"这出乎我意料之外的境遇，使我直觉地提高声音说："你胡说！我乃为'国家'流过血、流过汗的革命军人，你才是'匪谍'！"只见他将桌子一拍，大声地说："给我打！"站立在两旁的打手，一拥而上，拳脚交加，将我打倒在地，并将我的肩领章和识别证取下，然后拖到"刑求室"，将我绑坐在老虎凳上，开始严酷刑求、拷问、逼供。政工侦刑官员所要刑求、拷问、逼供的，就是要我承认有谋叛之意图，逼我交出孙立人上将谋叛计划，孙总司令为什么经常召见我，奉谁的命令在军中联络，其目的何在，"总统"亲校时是不是要呈递意见书……

这"呈递意见书"之事，就是为所谓"屏东兵谏"预先虚构好的小说细节。逼供在五月二十五日，老蒋在屏东亲自主持的年度大阅兵却在十天之后的六月六日，卸任远东联军统帅泰勒上将应邀观礼，也就可以说，此事还是有外人在场看着的。阅兵如常进行，顺利结束，并无什么"兵谏"之类的戏剧场面。可是，在这场阅兵之前，从郭廷亮的"匪谍"罪名，到陈世全、刘凯英、赵玉基等的相继被捕，为这莫须有的“兵谏”之罪而受牵连的孙立人旧部已有三百余人了。

阅兵后，孙的随从参谋陈良埙被捕，破格地被蒋家太子蒋经国召见，就是逼他出来证明孙立人图谋不轨。接着又组织以陈诚为主任委员，包括还同情孙的俞大维在内的“九人调查委员会”，再有“监察院”指派陶百川等五人成立的“调查小组”等等炮制的“合法”程序。在如此罗织的卑劣下，就更能说明这一“合法”的欺骗性了。何况，早在一九五四年新店安坑的陆军监狱里面，那中间隔着总门的大道，独立成一区，门前还有花草排树的“特别号”，当年典狱长的随从就说是“赶工做给孙立人住的”[1]，空了五年，才把《自由中国》的发行人雷震关在里头。而那“特别号”早就在等着他关进去呢，还能找不到罗织他的罪名么？

为什么要从郭廷亮身上找突破口？若是没有很大的偶然性在内，那么，它至今也还是个谜。至于栽赃必与共产党挂钩而叫“匪谍”，则已是老蒋整人的杀手锏了。七十年代要整台湾本土人士余登发，还要在法庭上展示解放军的制服，说他是奉华国锋之令的“匪谍”。用上这么一顶帽子把郭廷亮压住，他的生死也就在人家的掌握之中，还怕他不就范么？可是，他被百多政工排成三排把他围在当中公审，十个昼夜轮流拷问、逼供，身心皆已崩溃，也还是不愿与他们“合作”，

---

① 《大冤狱》，见一九九四年十二月台北钟山《传记文学》五十六卷六期。

交出孙立人叛乱计划后，保密局特勤室主任毛惕园少将带着手下的侦讯官来，倏然改变口气说：“由于被捕军官三百余人，而今又找不出你们的罪证，致使中外舆论哗然，社会谣言四起、众说纷纭，所以你必须站在‘党国’利益的立场上，来与我们密切合作，扮演假‘匪谍’自首，使政府对舆论及社会各界有所交代。”

第二天，也就是七月十五日，侦讯官苏忠泉将已经杜撰伪编好的假“匪谍”自首书和口供笔录，拿来给我看。当时使我非常吃惊！因为在假“匪谍”自首书中，居然有我从来未见闻过的所谓“兵运工作”，以及经共党授予进行“兵运工作”之方法、手段、原则等名词。而更荒谬的是假“匪谍”自首书及口供笔录中，还捏造、诬陷说：“于‘总统’亲校国军时呈递意见书，视情况许可时激成兵谏、兵变，以达成为共党做兵运工作之目的等。”所以，当时我就很坚决地拒绝照抄假“匪谍”自首书，也不同意在口供笔录上打手印，并且与侦讯官苏忠泉发生激烈的争辩。

一九五五年九月初，毛惕园主任对我说：“你的自首业已经政府批准，本来很快就可将所有被捕的军官，以及你的妻子儿女释放了，但是，由于本党部分从政同志及无党派人士根本就不相信你是‘匪谍’，也怀疑你所说的是事实，因此纷纷请求调查。所以‘总统’已指派陈诚、王宠惠、吴忠信、许世英、张群、何应钦、王云五、黄少谷、俞大维等，组成‘九人调查委员会'，专责调查本案。现在委员会已推派委员王云五先生，在最近要来和你谈话。"

当时，听完毛惕园主任的谈话，我非常震惊——"总统"特派"副总统"陈诚先生等党国大员来调查本案，很显然的，案情已经扩大，这与毛人凤局长对我所说的已背道而驰，所以，我必须坦诚地向调查委员王云五先生坦诚报告，并将杜撰伪编之假"匪谍"自首书和口供笔录等全部加以否定，以免犯下欺骗和伪证罪。

一九五五年九月九日晚上，毛人凤局长亲临侦防组召见我，并做了以下的谈话。

一、你的想法毛惕园主任已经向我报告过了，因为明天上午，调查委员王云五先生就要和你约谈，所以我特别到这里来给你做进一步的说明。

孙立人陪同东南亚盟军总司令蒙巴顿视察胡康河谷

二、为使本案能圆满顺利地结束，你必须毫无怀疑地照我的话去做。特别是和王云五先生约谈，一定要根据我们为你所编的资料去回答，以免引起不良后果。

三、王云五先生现任“行政院副院长”，他不仅在学术界有崇高的地位，而且也是无党派人士有力的代表人物。作为一个革命军人和忠贞的国民党员，绝不可在无党派人士之面前说出有损“党国”利益之言论。所以王云五先生约谈时，必须特别谨慎。

四、现在，我可以坦白地告诉你，本案之所以要这样做，我们完全是执行最高当局的决策。因为我们不能因为本案的处理不当，而产生不利于政府之舆论，以致影响到中美间之合作关系。更不能为处理本案有欠周之处，而导致军中意见分歧，损及部队之团结。所以，你必须站在“党国”的立场，以大智、大仁、大勇的牺牲精神将本案承担起来。

一九五五年九月十日上午，在严密的戒护下，由保密局侦防组乘车至军法局，接受调查委员王云五先生的约谈。当我被带入约谈室，使我极为震惊。因为我看到坐在王云五先生左右的官员，居然是在南部非法逮捕、刑求、捏造、逼供、胁迫我的总政治部第四组宋公言组长和“国家安全局”的魏宜生处长，更令人难解的是，担任约谈记录的人，就是捏造、伪编假“匪谍”自首书的侦讯官苏忠泉。

九月十二日，我那被囚禁在保安司令部的内人分娩，侦讯官苏忠泉将我四岁的男孩志忠和两岁的女孩志强送到囚禁我的小黑牢中来，陪我在这人间地狱中受了一段时间的活罪。

一九五五年十二月初，毛惕园主任对我说：“‘九人调查委员会’的调查报告公布后，引起海内外舆论的强烈反应。因此，你的自首虽获上级批准，但仍须经过军法审判。不过你不必担忧，这不过办个手续而已，手续办完后，毛局长就会立即给你恢复自由，并释放所有在押的军官。”我说：“毛主任的说法我有些不大明白，上级既已批准我的自首，依法就不应该再军法审判，既要军法审判，就是自首没有批准，我请毛主任不必再谎言欺骗，坦诚地将实情告诉我好了。”毛惕园主任说：“因为本案经过‘九人调查委员会’的调查后，这个案情弄得太大，且牵连太广，政府为了对舆论及社会各界有所交代，所以必须经过军法审判。”我说：“我们根本就没有任何非法的行为，所有的指挥都是你们捏造、伪编、罗织、诬陷，自导自演，才弄到今天这个地步的，你们的目的何在？”毛主任说：“你所问我们办理本案的目的何在，我实在无法答复，因为我也是奉上级的命令行事。”我说：“既然如此，我也无可奈何。主任可否将‘九人调查委员会’的《调查报告书》给我看看？”毛主任说：“你要看‘九人调查委员会’的《调查报告书》，这个是可以的。”于是毛惕园将登在《“中央”日报》上的‘九人调查委员会’的报告书交给我看。

要是一纸《调查报告书》可以“使政府对舆论及社会各界有所交代”，社会各界信以为真，真的接受了它，那么，这事也就不会几十年都没完没了了！

按说，中外古今，能带兵的，都是能当兵的，从这点看，孙立人是个将才。在抗日的缅北战场，他有他中国军人的将威。但在反共战场，他对老蒋也是唯命是听，从这点看，他与老蒋又曾是同一营垒中的人物。但在大陆解放，美国第七舰队开到台湾海峡，插手台湾问题时，他与老蒋在这之间的种种，时至今日，要说台湾今日的问题主要还是排除外来势力干预的问题，那么，他留下来的，也是今日仍当深思的故事。

孙立人弥留之际向他的医师只说了一句：“我是冤枉的！”他是死不瞑目呀！

当年和孙立人一同在训练新军中工作的张佛千先生，就听孙立人在最后一段短短的日子里对他说过：“有人向我说，那些写自白书的人对我不利，但我认为，情治方面的手段十分毒辣恐怖，人谁不爱生命，他们是因我受累，我对他们只有抱歉没有怪责。”以此，仅说他对下属宽厚、仁爱，做人太老实，就有点就话论话了。事过三十多年了，他不这么说，又该怎么说。即便当时，即便这些自白书不是伪造的、强迫摁的手印，他要认为这就是祸端，那么，他就不仅是老蒋对他说的“你不懂政治”，而是另一种完全没有恶意，是又痛又气所叫他的“政治白痴”了。

在捕了他部下那么多人，自身都难保时，他还去说情，请“监察院”救救郭廷亮，确实是天真！

但老蒋在郭廷亮被捕三天后当面对他说：“你少跟政客们来往！”对此，他即便不明白老蒋肚子里耍什么花招，也不会看不到事态的严重，也不会不知道“冰冻三尺，非一日之寒”！

民国之后的军阀割据的历史，注定了后来的军队是不可能没有派系之分和派系之争的。而老蒋，是以“黄埔军校”起家，也就注定他只能结成他的“黄埔”帮，以他的“黄埔军校”守家。而“四一二”后建立的蒋家王朝，使“黄埔”就成了一张金字招牌。但那种三个月就有两个月在课堂进行政治教育，短期训练班性质的“黄埔”生，虽然可以用枪杆子在四处称霸天下，却都没有实战经验，大多是不能打天下，还偏偏处处得好处、受优选的少爷将军。抗战远征印缅，孙军总遭歧视、总殿后，多次被敌包围，是他的指挥得当才免去被歼之灾。大撤退后到印度，“黄埔”将领杜聿明部几乎全军覆没。所剩的三千人，官多兵少，而孙部却无一伤亡，孙还连获英、美之勋章。而且，英军以杜部已零落得不成部队而不另发给养，杜聿明直接去交涉都碰钉子，非要他经过孙的师部才能得到。这样寄人篱下，叫杜聿明怎么吞得下这口气。他想以远征军副司令之尊，追究手下这位新三十八师师长没有照他划定的路线被日军围而歼之所“违令”之责，在当时那样的情况下，确实是无可奈何，结果只能反被孙立人多骂几声“庸才”。

而孙立人这样的军事上的天才，是老蒋难求的将才。老蒋一辈子反共，可是手下能把已解放的四平夺去的，还有最近公之于众、我军军史上罕见的重大失利——三个团跨海登上金门岛血战三昼夜，半数官兵壮烈牺牲，其余被俘的“金门登陆战”，台湾参战的就是青年军。可进四平是不让孙立人进，要“黄埔”的廖耀湘进，而金门一仗，对风雨飘摇的蒋家王朝是一针镇静剂，但对青年军，却提都不提。为此孙立人也不能不知道，他为老蒋卖命、跟老蒋反共，是不会有自己什么好处的。虽然，蒋家军在如山倒似的败北时，太需要孙立人这样能替他打的将领，又绝不能要孙立人这个人，就为他不是“黄埔”的人。老蒋当年是为解放战争直逼南京之形势所逼而下野，由李宗仁代“总统”，才从宁波溪口坐招商局船到台湾的。“当时陈诚负责东南行政长官公署，直接受李宗仁指挥。只具党总裁身份的蒋介石原计划在北部上岸，由船上发出电报后四十八小时未见陈诚回电，一向只知疑人不用、不知用人不疑的蒋介石，开始怀疑陈诚的忠诚度，立即令船改变方向，到高雄西子湾上岸。时任陆军训练司令兼台湾防卫司令的孙立人上船接驾，蒋介石心生犹豫不敢贸然上岸，询及其安全有无问题，孙立人坚决保证说：

“只要我在此，您的安全我负责。”

蒋介石上岸后，在南部住了二十七天，始终不敢北上。当时的高雄要塞司令彭孟缉晨昏定省，每天炖一只肥美的土鸡孝敬，使得龙心大悦，心生感激之情，他日彭氏能破格擢升，实乃种因于此。俟台北情势明朗，蒋介石北上，临行前写了一张字条给孙立人，白纸黑字“新台币二十万　中正”，以谢保驾之恩。[①]

当年台湾一坪地才几十元的地价，这二十万自然不是个小数字。而孙立人把字条顺手塞在军服口袋，是勤务兵洗衣时发现，才将它交与侍从参谋陈良埙的，钱取来，孙是命令悉数归公，而他那句“只要我在此，您的安全我负责”的话，既成了当时老蒋的定心丸，却又成了日后老蒋反诬他“挟天子以令诸侯”以置他于死地的借口。如此的“臣”伴如此的“君”，在虎口的舌下，还能叫他出演喜剧么？

可是，蒋家王朝退到台湾，美国杜鲁门政府不再予以军援，王座还坐不稳时，这个满口宁波口音，一口一句“娘希匹”的国民党总裁，已无法不提升孙立人为陆军总司令。一九五〇年三月十七日对孙的任命之前，为安抚黄埔系将领，就一本正经地对大家说：“为了国家的利益，你们要服从他。”并解释拔擢孙立人的理由：“我们国民革命军北伐之后，素质，尤其是精神，低落了，抗日之后更显疲惫，我们要铸新军。当年曾国藩打下南京之后，曾国藩就看出湘军不能再用，便举李鸿章练淮军。我们要走这个路，所以叫孙

① 《中国军魂——孙立人将军永思录·延徽中〈悼念孙立人〉》三一五页，台北学生书局一九九二年十二月版。

立人来领导陆军。”而这些人，谁又可能对孙立人服气呢。黄埔系的刘安琪就说：“他当训练司令、总司令以后，至少是和我同一阶层的人，资格都比他老，但是他办训练时，叫我们穿着短袖（裤）、戴着草帽、坐小板凳，把我们当小兵训；一讲话就骂政工、骂党、骂陈诚，甚至伤害到蒋经国。而且他连北伐时期就开始使用的臂章、帽花都更换，又把凤山检阅台的党徽换成一个火把，这些都是不高明的举止。不仅如此，他还办了一个第四训练班，都用新臂章、新帽花。那还不说，他又结小团体，里面有共产党挑拨……”①

那时候，那些人，要置谁于死地，就是把他和共产党牵在一起，这点，还是真的得到蒋家衣钵的真传。刘安琪说的“第四训练班”当是“第四军官班”。孙立人升任陆军总司令之令，就是一揽子并兼陆军训练司令、第四军官班班主任暨台湾省防卫司令的台湾军事大权的。由于老蒋自己要抓军权，就既恨他的“黄埔”生中缺孙立人这样的治军之才，又需要他的门生是乖乖地离了他就站不起来的庸才，他不能不暂借孙立人之力来稳住他的宝座，又怕这人功高镇主，虎崽成了猛虎，给自己招灾。因此，他给孙立人这一揽子军权，对孙立人，祸兮，福兮，只有天知道。

为此，老蒋叫手下“服从他”，这些“黄埔系”反而更不尿他，这是没听他们“老总统”的，还是正中

① 见一九九四年二月六日至十九日台北《新新闻周刊》三二至三三页。

老蒋下怀，也只有天知道！

毋庸讳言，孙立人是有身傲骨的。当年，李瞻向他的老师，也是调查小组成员的王云五苦苦追问“孙案”真相时，他对自己这位后来成为政治大学教授的学生讲：“我告诉你一句话，你就明白了，孙立人和郭廷亮是中华民国的模范军人，这样你就了解了！”[①] 正因为是真正的军人，他着士兵制服下部队，还向连长敬礼；正因为是真正的军人，身为将军还蹲下身子抠着士兵的臭脚丫子问询“香港脚”之苦。有一次，见营区粮食、弹药狼藉遍地，他看到一旁的军械上士就挥起手上的马鞭抽了过去：“平时怎么训练你的？东西摆得乱七八糟！”其实东西是刚运来卸下，军械上士还来不及摆好。这时一个准慰说：“你昏了头吗？你要打，打我，怎么打他呢？这事情是我负责的！”一个准尉这么顶撞将军，还不知道该怎么收场呢？可是一问情况，孙立人将这位准尉提升为排长。然而，那些“黄埔系”到军队是来当官的，自视为官，就不一定要当个真正的军人了，在下头坐小板凳，他在上头，资格还不如老子，要不是他跟共产党有勾扯，哪能有这等事呢？……

这么两家子，怎么能说到一块呢？

有的说，老蒋整孙立人，是“挥泪斩马谡”，若要“保存一个孙立人，可能失掉整批忠贞的黄埔将领”，为“维系军中团结和谐，不得不牺牲孙立人”。[②] 这要

---

① 见一九九〇年十二月三日台北《联合报》。

② 见一九九〇年十一月二十日台北《“中国”时报》。

说是“挥泪斩马谡”，真是离题太远，但他们都挤在的这个海岛，比起几百万平方公里的大陆，确实太小了。过去，吵翻了，你有你的道走，我有我的桥过，可是，这么挤在一块，冤家就路窄了。

何况，他又开罪了蒋太子……

因为，蒋经国是搞政工的，为此就说他“反政工”，以证诬词。可是，正如知道他跟那些“黄埔”派说不到一块的，看到他练新军亲撰的对联“黄埔精神，顶天立地；凤山训练，继往开来”，也只好傻眼。

我认识的张佛千先生，就是他练新军时帮他搞政工的。胜利后，孙立人从东北下来，调台湾练新军路过上海，张佛千正想离开遇美国参与的国共两党的军事调停失败，国共和谈破裂，随着内战又起的学生运动如火如荼，国统区物价飞涨、怨声载道、一片混乱的这种环境，考虑渡洋远行。

“你往那么远跑干什么？”此话出自被人看作“亲美派”，有“弗吉尼亚”情结的孙立人，就多少有点异样了。

“你看，处处都是这个样子了，不光是我，不管哪个来，又干得了什么正经事？”就他们当时的那个生活圈子的情况讲，话也确实只能这么说。

“我们一齐走，有干不完的事！”

“什么事？”

“帮我搞政工吧……”

“政工？”张佛千几乎怀疑自己是听错话了，“部队都这个样子了，怎么去搞‘政工’？哪个还会去听你讲那一套……”

“就是要你那一套，照你那套做！”

“……”

无语的蹙眉，难以拒绝，也难以答应。孙立人的那腔热情不是冷却了，却也再没吭声。过了一阵，他叹了口气说：“佛千，我没有自己的人呐，你让我就这么一个人去，打得开局面吗……”

张先生被这位强者的忧郁所动了。是啊，孙到哪儿，兵都是拥着他的，这是一位将军长胜的保证，可是，这个世道，哪里不是一朝天子一朝臣，都有自己的一帮人马。可这会儿的他，名声虽大、地位高，也无奈于自身的困境而有愁啊。本来，张与他，既是旧交，又是老乡，不会见忙不帮的，可是一个烂摊子，谁也怕沾上脱不了手啊。他们无语相对地待了一阵，孙立人才站了起来，受情绪影响，他的语调也低沉了：

“你考虑下吧，过两天我来听你的回话！”

过两天，还没等到消息，孙立人是拿着给张先生买好的票及各项安排的手续，也不再问什么，拉着人就叫跟他一道走了。

唉，他是怎样的心情啊。

不久，他听说台湾学术界常称的“国学大师”钱穆来台湾，就要张先生专程上台北，请钱先生到新军讲授从文化上爱中国之大道。几天后，对着新军将士及学员八千人，为阐释中国历史文化思想的精神命脉，钱穆做了一系列讲演。孙立人也是跟士兵一道，像小学生一样地听。而且，钱穆看到里面还有些空楼，提出他的“新亚书院”要从香港迁台，是否可借出数座以备济急，孙立人是满口答应，很高兴新军能跟大学结缘。

这就是他的部队里的“政工”！

“他哪能蠢到反对政工，取消政工！他只是反对他们那套‘政工’！”

就从孙立人过去的这位政治部负责人张先生身上，我就能明白他这句话的实际内容。他博学、健谈，八十好几了，开朗、旷达，身子还特别硬朗，谈笑风生，铿铿锵锵。他客厅里又是张大千的字，又是张大千的画，还有张大千的照片，而他俩的名字又仅有一字之差，我是想当然地以为他俩有什么亲属关系。“呃……他是四川，我是安徽的……”张佛千一阵阔笑之后，却滔滔不绝地从这些字、这些画谈艺术大师张大千，海阔天空地说到电视、音乐，还有台湾及中外的作家。由此，我就多少可以揣摩出一点他当年在新军搞的，和孙立人所以要找他搞的那种不同于“他们”的政工。

而“他们”之所特指，自然是指蒋经国。这蒋经国，除了身为太子的背景，他多年经营的“青年团”更是一派不可小视的力量，是位炙手可热的人物。在他的“团派”里，他也貌似为人随和、能体察下情，几乎有些和孙立人相似的故事的，是颇能笼络人心的头头。他与孙的两家之“政工”，不论区别何在，谁高谁低，但在一九四九年四月解放军渡江前夕，蒋经国写信给孙立人说："……国势危鼐，论议纷纷，民心惶惑……所渴望者，革命前驱，共撑危局，庶可挽狂澜。仰先生功垂国史，威重河岳，匡时之策，早存成竹。企望长城，不胜景慕。"[1] 然而，一旦"狂澜"挽不了，大家都挤在这个小岛上，也同样是冤家路窄啊。何况，老蒋要太子接班，也要接手军队特工系统，这政工与特工，莫说联手，哪怕技术操作上互有借鉴，也是头上的政治阴影。美国民主党史蒂文森的档案，说到他一九五三年三月访台，蒋介石宴请之后，到宾馆同孙立人单独谈了一个小时。孙立人显得不大自在，声音压得很低，显系担心房间装有窃听器。他"称赞史迪威将军第二次世界大战期间的在华表现，并认为马歇尔将军一九四六年调处国共纠纷时，对国（民党）府的贪污腐化、没有效率和未获全民支持的批评，乃是'绝对正确'。"他对史蒂文森说："秘密警察仍在台湾严厉控制思想，蒋介石父子不择手段地镇压反对他们的人。"[2]

那，正是台湾学术界所称的五十年代的白色恐怖时期。

许多不仅没有反对他们，甚至还在维护他们的人，有时也避免不了要遭受这样的恐怖。

李友邦就是这样，他是当时在国民党军队中获得

① 《中国军魂·孙立人将军年表》，台北学生书局一九九二年十二月版。

② 《史蒂文森档案》，转引自一九九四年二月六日至十九日台北《新新闻周刊》。

军阶最高——中将的一位台湾本土人士，还是黄埔二期的。可老蒋是个心有“千千结”的人，真是“无毒不丈夫”。他不需要弄清情况，就怕这有根基、有地位的本土人，有碍他在台湾独霸天下而下手了。不是说他部下有类似郭廷亮那样的人，而是说他夫人严秀峰是“匪谍”。随后由此捕了他，铐着他双手把他当个病人送进医院，就在手术室把他杀了，而对外发布他因病抢救无效的消息……

比起李友邦，孙立人可好多了。

可孙立人在他们眼里，又绝不会比李友邦好。

然而，老蒋在杜鲁门断其军援，山穷水尽，口里嘟囔“娘希匹”喷溅着口沫时，要捞的那根救命稻草，还只能巴望着白宫。这就叫老蒋不能像对李友邦那样对付孙立人了，而且，还要把孙立人当作他对付华盛顿的一颗棋子在棋盘上走。

老蒋有什么办法呢？他对共产党，一直是杀一儆百，宁错杀一千也不放过一个，可是这场内战，最终却是败到这个海岛上来了。再断美援，在台湾也是站不住脚的，不到外国当“难民”，就得跳海。可是，杜鲁门对蒋家王朝的腐败无能已是彻底绝望了，更不愿台北，也像他们为缓兵之计鼓噪国共两党以长江为界、分南北而治的南京“总统府”，一夜之间，就被渡江的中国人民解放军直捣。就在这个一九四九年的夏天，美国中央情报局政策协调组（OPC）曾“认真考虑过”刺杀中国国共双方的两个人物：一是周恩来，一是蒋介石，却未能执行。随着大陆的全部解放，美国表示，只要蒋介石在位，再也不会给台湾以军援，而海南岛的解放，使“弃蒋保台”的方案就更拿稳了。要说“挥泪斩马谡”，这才是真格的“挥泪斩马谡”呢。

有人形容老蒋为“英雄气短”，这个专横、专制的家伙，这时再横，也只能派特使、密使，低三下四地上华府说话。得到的回答是：想要得到美援，则必须任命一个新的台湾省主席，以取代“不能适应局势”的陈诚，而且，必须和美国在台湾的顾问诚心诚意地合作，否则，他们就撤走了。

真是“英雄气短”啊，老蒋是以无法想象的速度回应了美国，任命美国提名的吴国桢为台湾省主席兼保安司令。为此，美方是“甚感高兴”。不几天，曾任西太平洋美国海军司令的白尔奇上将问台湾驻美武官皮宗敢：孙立人身为台湾防卫司令为什么没有充分的权利？为什么还有人干预他的工作？[①]

美国将吴国桢、孙立人这两个人提出来，自然是将他俩看作“受过西方教育的自由主义分子”，理应为他们的自己人，也就是常说的“亲美分子”。

可是，要说“亲美”，谁还能比老蒋本人那么会去亲呢？在这之前，要没美国，他是一天也混不下去，从这点看，老蒋当视他俩为最亲密的同志，可他失宠

---

① 见美国柯森《无知的军队》中一九七五年参院听政会记录，台湾“驻美大使”顾维均档案。

了，被视为扶不起来的阿斗，山姆大叔弄来渗进、取代他的“同志”，就叫他吃醋而成为政敌了。

吴国桢凑上台去，在秘密警察的政治中也干不下去，自己就跑到美国去了，但对付孙立人，可就没有那么简单了。

孙立人的“弗吉尼亚”情结，自然被人看作当然的“亲美”，背后的流长蜚短，他当时也知道，他堂妹孙敬婉回忆他当时“‘官’虽做得那么大，但做得缩手缩脚，成天被人蜚言中伤，又说全倚仗美国人的势力”时，她感叹“这种‘官’做得有什么意思？而他平日在言谈中，对美国人的批评，在公事上，他对美军上下阶级区别之严，对美军人士遵守纪律要求之严格，是众所皆知的”[①]。就因为他是留美军校出身，而被蒙上倚仗美国人势力之伤，是最令人不平的。所以“他曾私下说，我尽量避免同美国人有私人交往，绝不倚仗外人势力，那是无耻的。他只忠于职守，爱自己的国家，不过有时‘恨铁不成钢’而已。”（此句疑有漏字）这番话，还是有事实根据的。在印缅战区，对全军训话，孙立人就要大家不要受美国人的气。所以十几个兵遇到管摆渡的美军不让他们渡河时，他们就端起手中的冲锋枪对着几个美国佬，命令他们按盟军之盟约行事，叫几个美国佬“OK”“顶好”得怪火热。一九四二年五月，孙部转入印度英法尔，现在还保留着一份当年英军

① 孙敬婉：《中国军魂·追念二哥琐事》，台北学生书局一九九二年十二月版。

一军军长同孙立人的谈话摘要：

问：你的部队到此后，必须补给，请替我阻止日军进入印度，我供你补给。

答：同盟军有租借法案，你的补给，我国会还你，我是中国军队，中国政府要我做什么，我会遵命，你无权指挥我。

问：我们英国部队驻营房，现在你们只有难民收容所可驻。

答：你们部队能驻，我也能驻，民房前半段是晒谷用的，现尚未收稻，我就驻那里，如果老百姓丢根稻草，我赔他根金条。①

喝过洋水的孙立人，在洋人面前真是不卑不亢。而且，他给义子请老师在家补课，是讲《孟子》《论语》等等传统文化。父亲死了，他守灵，是铺稻草睡地上；祭祖，是跪拜、磕头，是非常中国化的一位军人。然而，他那"恨铁不成钢"之心就"一讲话就骂政工"，加上人家看到他背后的那个美国佬，哎，事情就复杂了。

这个美国佬麦克阿瑟，是盟军太平洋战区最高统帅，人称"现代凯撒大帝"。战后，中国人从各种新闻媒体，对他壮实、剽悍、大墨镜、咬着大烟斗的现

---

① 《中国军魂·孙立人将军永思录》，台北学生书局一九九二年十二月版，三〇九页。

代牛仔形象一点也不陌生。他对台湾问题极感兴趣。一九五〇年元旦一过，就派他总部的情报处长韦洛比访台，劝老蒋让权，离开台湾。这简直是逼宫嘛，老蒋怎么会接受，“娘希匹”也不知骂了多少。

偏偏，就是这个麦克阿瑟，派了专机到台湾接孙立人去东京。这当然是后来的“孙案”之中一个富有戏剧性的情节。当年“监察院”“五人小组”成员陶百川了解这一情况时就弄明白了：孙立人是事先“请求过陈诚是否可成行，经准许后才到东京，至东京后，麦克阿瑟向他表示，要他负责守卫台湾，经费等资源由美国负责，不必操心，同时跟他讲，不必再服从南京政府及蒋介石，但他并未照办”[①]，并把会谈情况报告了陈诚，并请陈诚呈报老蒋。人说，这是孙立人愚忠的悲剧，其实，这时你再忠于他，他也放不过你。

因为这时对孙立人各项考量的传言，不是来自国民党内部，而是来自华府。

美国国务院一度模拟台湾兵变的纸上作业，假设孙立人已做好军事控制台湾的准备，美国接到通知后“介入保卫台湾”。美国式的政变目的乃是“彻底铲除国民党的所有重要官员”。孙立人在四十八小时内全部控制军权，美国也同时派出大批官员到台湾接管政府、充任顾问，使台湾成为“亚洲橱窗”，成为对抗苏联的基础。而且，这份现已解密的《台湾局势假设性发展》

① 见一九九〇年十二月三日台北《联合报》。

的报告[①]，又不是刺杀周恩来了，而是设法分化中共，向陈毅、叶剑英传话，台湾不会骚扰他们，希望他们在华北和东北进行革命活动，对抗苏联，孙立人将在美国的支援下对陈毅和叶剑英进行空援……看来这“纸上作业”不仅是纸上谈兵，还是纸上的梦呓。他们，对自己支持用以对付共产党的蒋介石也没看透，对已解放整个中国大陆的共产党就更是无知得可笑。就是要孙立人为他们的需要同共产党合作，也同样是天方夜谭。

孙立人在美国政客秘密活动频频时，同他在缅甸战场很熟的莫里尔（Merrill）当面向他试探反蒋的可能性时，他没有回应。[②]

已卸任的美国驻台北“总领事”克伦兹（Krente）当面告诉孙立人，如果他同意出来控制局面，美国会全力支持他的。他拒绝了克伦兹的游说。[③]

就是郭廷亮的“匪谍案”发，有的下属怕他的安全不保，劝他出外避避，他也是：“我是中国人，我不离开自己的‘祖国’！”

由此来看，不能不说孙立人爱“国”，对老蒋不谓

---

① 以研究韩战出名的芝加哥大学教授布鲁士·康明斯（Braee Cumings）的《韩战的起源》（The origins of the Korean War）1990年由普林斯顿大学出版。书中收有美国已解密的有关孙立人的各方面的档案。以上引用的类似材料，皆出自此书。

② 转引自《开展和平与战争：杜鲁门、肯尼迪和约翰逊时代》（T.J.Sehoenbaun：Waging peace and war:Dean rusk in the Truman kenndy and Johnson years）中的美国国务卿办公室档案Box4。

③ 转引自康明斯《韩战的起源》中访问strong之纪录。

不忠，即使美国国务院召开的对台政策会议拟完的机密计划，也是驱蒋之后，“将民事与军事交由美国所指定的中国人（即大陆人）和台湾人领袖”。“如蒋介石抵制上述计划，美国应派出密使以最严密的方式通知孙立人，如果他愿意发动政变（着重点为引者所加）以军事控制全岛，则美国政府将提供必要的军事援助和建议。”[1]

美国得不到孙立人的回应，而且也是以“如果”而允以条件想使其就范，是在拼命拉他，可老蒋却不愿拉他，反而加劲地推他时，白宫获得国民党内部情报，说蒋介石绝不同意扩大孙立人的权力，并“较以往更加痛恨美国”[2]。

但这“痛恨”，老蒋是没奈何的痛恨，他还要有美援才活得下去，万般无奈，他就把恨都恨在孙立人身上了。老蒋要他驻日的军事代表团团长何世礼向麦克阿瑟总部转述一项绝密信息：蒋介石紧急要求麦帅领辖整个远东——特别是包括台湾——的防备。他和台湾各级政府及民众都将接受麦帅的指挥。他愿交出权力，但绝不交给孙立人。[3]

真是“老佛爷”——慈禧太后的孝子贤孙，“宁予外贼，不赠家奴”。

老美逼老蒋是因为蒋介石唯一能做的是请求联合

---

① 见康明斯《韩战的起源》，美国国务院中国科档案Box17、18。

② 见康明斯《韩战的起源》，美国国务院总档案Box4254。

③ 见麦勒（Michael Schaller）：《麦克阿瑟·远东将领》（Donglas Macarthrm:The Far Eastern General》）。

国托管，美国会支持这项请求，并在联合国讨论时，派遣第七舰队协助台湾……台湾获联合国托管后，杜鲁门即宣布撤销（一九五〇年）一月五日不协防台湾的声明。[①]

老美策动老孙倒蒋，也非老蒋不亲美，而是担心蒋的政府腐败得保不住台湾而被中国人民所解放，其“亲”就不能保持台湾在他们直接的“保护”和控制之下。所以要扶孙，无非是想孙能完成蒋只“亲”而无法完成他们所要求的重任。

那第七舰队横在海峡中间，既想阻止中国人民对台湾的解放，也要制止老蒋“反攻大陆”，而他们在这之间，台湾不托管给美，也在美的掌握之中。

此时，老美将孙立人推至弃蒋又代蒋的英雄高峰，若是他真登上此峰，也必然成为拱手出卖台湾的民族罪人。他没有回应白宫，有气节。吴国桢下台跑去美国，他对家里人也说："真没出息，跑美国！”是大丈夫！可是不论他本人是否这么做了，老美把他推在弃蒋的敌对面而又弃之未成，老蒋还能饶过他么?

孙的悲剧是注定的，他冤于成了美国对台阴谋的牺牲品!

老蒋虽然升了他为陆军总司令，却不可能得到美国希望他获得的“更大的权力”，而是“缩手缩脚”地做“官”。一九五四年调任“总统府”参军长，七月一

① 见康明斯《韩战的起源》，美国国务院中国科档案Box18，1950年外交关系文书第六件。

日已移交离职，因为驻韩美国第八军军长符立德要访台，又要他仍以陆军总司令的身份出面接待，等客人走了才让他结束这次表演。

更出奇的是，孙立人升任陆军总司令之日，他属下已有一些官兵早于郭廷亮的“匪谍案”之先而被关押于军法局，他们怎能不想：孙将军既是现职的总司令，他没犯罪，我们却为什么在罗织“孙案”？而且还派侍从参谋陈良埙送来鱼肉、蔬菜及罐头，说：“总司令要大家放心，听候处理。”一九五二年三月，孙立人任期满，继续连任，他们又送到“别馆”，生活颇多优待，可以包饺子、下面条，可以互为往来，孙立人还给他们送来零用钱。一九五四年过年，他们几乎像回到军营，四菜一汤，有进牢就未见过的全鸡，号子的门开放，允许串号，甚至喝酒……他们预感到自己的“老总”又可能升迁了。他们的受优待或虐待，与他们的“问题”之轻重并无关系，完全是由孙立人境遇的好坏而定的。[①] 忽然，号子门不准自由出入，互相不准说话，连《“中央”日报》也不准看，大家就知道情况不妙了……

现在，泛泛地说，是朝鲜战争救了蒋介石也不错，但也太泛泛了。这场战争，一九五〇年六月二十五日爆发，二十七日第七舰队就到台湾海峡。时至四年之后，是中国人民志愿军与朝鲜人民军把美国侵略军赶出三八线，而这场战事也不像那么容易收场时，老美

① 钟山：《大冤狱》，台北《传记文学》六十五卷第三至六期。

也不可能那么轻易把老蒋赶走，就只好在一起结盟度蜜月。一九五四年十二月三日，两家签订了《共同防御条约》。

这一来，老蒋也就可以放手收拾孙立人，郭廷亮的“匪谍案”也随着来了。所谓的“九人调查委员会”的《调查报告》一公布，假事也就完全搞成真的一样。

现为“国策”顾问的陶百川先生，当时“觉得陈诚等九人组成的调查小组中间无‘监（察）院’成员，能否恪尽调查真相职责恐有疑问，遂另组成五人小组调查案情。当时孙立人身边已监护甚严，他和张群即将孙立人请到‘监（察）院’，设法把监视人物挡驾，与孙立人直接对谈”。陶百川当即“请有关单位‘刀下留人’，莫将郭廷亮等处死刑，而‘监（察）院’五人小组的调查报告和九人小组报告因有多点不同，因此深锁铁箱，不准发表……”[①]

不知是这份深锁的《报告》也成了锁在老蒋心头的一块心病，还是他没有完全忘记当年从高雄上岸，孙立人保驾，新军在操场把人家视为异己标志的火把，由人朗诵献词“这把火献给敬爱的领袖……”接过熊熊的火炬，他久久难以开口，擦擦泪水，又停顿了一阵才说：“本人自黄埔建军以来，现在只剩下你们这点点根了……”[②]之情，把那早已为孙立人预备的“特别

① 见一九九〇年十二月三日台北《联合报》。

② 赖卓先：《中国军魂·悼念仲公追忆往事》，台北学生书局一九九二年十二月版。

号”请了雷震关进去，而叫孙立人引咎自责：“自带不慎，知人不明，几至贻祸国家，百身莫赎。”再由老蒋召见，如当年对张学良那样，勉以多自修、多充实。几分钟的谈话之后，就是三十多年的软禁。

老蒋去世前，对那垂垂老矣，已是虔诚的基督教徒的张学良，还叫“莫放虎归山”，对孙立人的问题虽然没有留下话，若说出来，也绝不会比对张学良的好。然而，老蒋还没去世，小蒋（经国）就对张学良多予照顾，老子死了，自然更加热情。可是，对孙立人，小蒋却不可能比老蒋好，孙立人在新军的“反政工”就是冲着他来的。他当年到新军，酒过三巡，对着孙的英文秘书黄珏和她妹妹黄正“吃”点“豆腐”，不想孙竟正色告诫，大庭广众，大扫面子。他一回台北，来令调这对“姐妹花”，又被“不批准”，最后只好叫特工把她们抓来关了十年……凡此等等，他孙立人也莫想小蒋能给他个好脸色看。

总算老天有眼，让他熬到他们蒋家不仅父子，而是第三代都有人已先去，一九八八年小蒋去世仅一个月，台北《自立晚报》就以对他的专访报道以纪世人对他的不忘；他也以一句“从未反过，何平之有”答记者，叫世人看见的孙立人还是那个孙立人！

当有人发现他由软禁的台中来到台北永和孙家的老家，竟然有人四处串通旧部，连在外埠的人也赶来，但只能站在孙宅附近的路旁，等待他到楼廊上走动时，能远远望他一眼，能远远向他挥一挥手，在还有监视

远征军司令长官卫立煌与孙立人握手互祝胜利

者不忘尽他们之责时，这已足矣。短短的一瞬，可以永远永远；默默地一挥一瞥，可以炸响万钧雷霆。这年三月，在“国防部”部长郑为元两次登门拜访，“监察院”也公布了五人小组报告后，“国防部”的“警卫人员”也撤出孙府。旧部为他张罗九十大寿，借用的房子，不想房主却遭特工“访问”，想用几处公共场所做大会会场也均遭拒绝。这叫大家明白，“孙案”是不会结束的。冲破重重困难，庆祝会还是照期开了。天刚黎明，就开始有人拥来。有从各地，还有专程从“国外”赶到的，场里场外，人潮滚滚。五千多人，带着那含着泪水的欢喜，还有没能完全卸除沉重的兴奋，望着九十岁的寿公还没扫去幽禁的阴影，被这热烈的场面激起欢喜的流露与惊恐的表情并织时，熟悉他驰骋疆场、豪气万千的旧属，不由得在一阵心酸之中高呼将军“万岁”。这比起那些例行的会议，而又是会议例行的项目带着喊“蒋委员长万岁”，其情感之真挚、热烈，声音之洪亮，前者是无法与其相比的，这叫那“委员长”“总裁”“总统”之荣集一身者，能容他么？由此带来的折磨、苦难，此时也成了更夺目的光环。

将军毋需盖棺，就可定论。

张佛千先生告诉我，此时他去看将军就说：“中外古今的文学名著，动人而让人难忘的都是悲剧。它是永恒的、沉重的，是予历史难以负载的沉重，后来者，一代一代，仍然要从那些历史走过的时候，看那美之所以毁灭的因果，也要分负一些其中的沉重，才得以警悟、聪明，这不是那些大团圆的故事之轻浮的欢喜所可比的。老孙，历史给了你这个悲剧的角色，你就忠于你的角色吧。岳武穆被十二道金牌召去，要是朝廷是给他加官拜相，不是陷死在风波亭，我们一代一代人，又需要那么去念着他么？现在，你的事情都已经到了这个地步了，还要他们给你‘平反’干什么？要给你加官，你也干不动了，要继续加害于你，又还能把你怎么样呢？你都已经是这个样子了，就让它是这个样子吧，悲剧——魅力是永恒的！”孙将军听得笑了笑，用筷子点点他的饭碗。太太在一旁说：“张先生，你今天说得他高兴了，他好久都没有吃了一碗还叫添饭的！”

然而，临终前，他对自己的医生留下最后的一句话还是“我是冤枉的”！人，很难免俗啊！

“旧日僚属闻悉老长官逝世，开始以‘立新社’为名负责协助孙家善后治丧主力，即扮演积极为孙立人平反的角色。这群遍布全球各地的孙立人子弟兵，极具团结地，为一代名将的仙逝而四处奔走相告。慰悼的花圈花篮，与拍电致唁的接踵而来，重新集结了因兵变疑案被迫散做九秋之萍的孙系部属，也逐渐形成一股平反力量。平反孙案之声再度响起的原因，固然与主角孙立人将军逝世有关，但强人政治的解体及权威统治的神话幻灭，更直接影响孙立人的昔日旧部，决心为自己，也为他们共同的大家长平反！”①

然而，送葬之日，并未得到一纸《平反书》，灵柩上覆盖校旗、青天白日满地红旗，却没有国民党党旗。原来这位曾为陆军总司令，必须参加国民党中央常委会者，却从未参加过国民党。但日本国吴日胜送“支那人民多少泪，中华从此无将军”的挽联，那“郭廷亮匪谍案”的当事者，前“国防部”保密局侦查组组长谷正文，此刻站出来说“为历史说真话的人才真正有勇气”②，这么一句话，比那党旗更有分量。那万名旧部跪拜祭奠，台中倾城肃立街头送灵；抽泣悲恸的街巷，市民仰天的长叹，以及空谷中鸣的下葬枪、吹的安息号，都会留在史书上，是历史的声音。有次，我

① 见一九九〇年十一月二十三日台北《自立晚报》。

② 见一九九〇年十二月三日台北《联合报》。
葛琪：《中国军魂·印缅战场孙立人将军立功》，台北学生书局一九九二年十二月版。

和乡土诗人吴晟在彰化海边问路，一听那着中山装的老者之口音，我顺口说了一声："你是安徽的嘛！""是啊，我是孙立人的老乡，是新一军的兵，老军长去世，我到台中送葬……"很显然，他在以孙立人为骄傲；很显然，这才是孙立人盖棺的定论。

不想，郭廷亮还想在孙立人一周年祭时再讨个公道，却会那么神秘地死去。

人家就是以他作为"匪谍"的人质，禁于绿岛，却高薪雇他养鹿（据说月薪六万多台币，还用两个雇员，只有三只鹿）。不能回家与妻儿团聚，信要检查，不能会客，不能自由回台，主因是防他暴露出被认作"匪谍"的丑事暴行。给他"恢复自由"之日，也曾约法三章，叫他"回家之后，平平静静地过生活，做一个与世无争的隐士"[①]。然而，谁知他不安于"平静"，不是"与世无争"，反而要讨个公道，还他清白，这就注定了他只能这么神秘地死去。

这是悲剧中的悲剧。

这也只能是悲剧，既入"孙案"，就这么给自己划个句号吧。在悲剧中永生，或永生在悲剧中，陶百川先生希望莫让"忠义遗恨"之遗恨，进入历史也只能是个问号而不是句号。

我，对着这个问号，翻阅自己的采访记录和搜集的资料，也想，孙将军要是在山姆大叔导演的闹剧里进入他的角色，那么，非悲剧的结局，也不用现在这

① 见一九九一年十一月二十五日台北《中国时报》。

样，得鼓足勇气来看这页历史……

我这后来者，怅然而忧郁地徘徊在它面前，想起抗战后期，一九四五年一月，中印（史迪威）公路通车，重庆《大公报》驻印军的随军记者吕德润同志，随车前行的前夜，到伊洛瓦底江边的一所木屋去向孙立人告别的故事。“房中除了那只猎狗，别无他人，室外只有静悄悄的哨岗和滔滔的江水。”孙将军说，如果他不去昆明，就请这位记者看看昆明市上还有没有卖“冥钞”的，如碰上，又方便，就代他买一些回来。当时记者一下子没听清“冥钞”是两个什么字，他就说，按照我们中国的老风俗，“冥钞”就是给死去的亲人上坟时烧的纸钱。他苦笑着缓缓地说：“并不是我迷信，只是我实在不知道如何表达我对为了这场胜利而战死在外国荒山密林中的那些忠魂的哀思……”他断断续续地说完这句话，泪水盈眶，再也说不下去了。这位随军也随他亲眼目睹了这场胜利来之不易的记者，从未见过也未想到他会这样激动，并深受感染，也想了很久，又无力出声，更不想接话，两个人都控制着自己，久久对坐无言，谁也不看谁……[①]

这事，已经过去五十年了，谁也不可能再与将军相对而坐，有言或无言。可是，那系着他，又没随他而去的风波，仍然时起时伏，又纠缠他到这纷扰的人世。向着青山，向着大海，向着苍天的空茫，将军，

---

① 吕德润：《中国军魂·江边夜话》，台北学生书局一九九二年十二月版。

您又仍似在我对面，看您宁静自守，也知您冤屈未了，愤难平，泪不干，虽然我也并不迷信，也确实不知道如何表达我的哀思，那就请您允许我也烧把纸钱吧！

原载一九九六年九月十五日《长城》双月刊九十二期

《中国远征军在缅北》，云南人民出版社二〇〇二年一月版

2015年周良沛先生赴台与孙立人将军之子孙天平先生合影留念

抗战胜利后，美国驻华大使司徒雷登代表美国政底授赠勋章予孙立人将军